HEIDE STEIGENBERGER

Histamin

GENIESSEN TROTZ UNVERTRÄGLICHKEIT

Bildnachweis:
dreamstime.com: Seite 11, 14, 15, 17, 25, 103
iStockphoto.com: 13, 20
Peter Barci: Cover, 5, 27, 29, 35, 39, 41, 45, 47, 49, 53, 59, 63, 69, 75, 79, 81, 87, 91, 95, 99, 101, 105, 111, 115, 117, Umschlagrückseite (Rezeptbilder)
Autorenporträt (Umschlagrückseite) beigestellt

ISBN 978-3-7088-0655-6

Autorin: Mag. Dr. Heide Steigenberger
Lektorat: Mag. Eva Manhardt
Korrektorat: Mag. Franz Ebner
Umschlaggestaltung: Raimund Lhotak
Grafik: Mag. Christine Dobretsberger, www.lineaart.at
Druck: General Druckerei GmbH, Ungarn
Printed in the EU

1. Auflage, Januar 2015

Vorwort

Dieses Buch soll ein praktischer Ratgeber für den Alltag sein und helfen, die positiven Seiten der Ernährung wiederzuentdecken, nachdem man die Diagnose Histaminintoleranz erfährt und nicht mehr weiß, was man eigentlich noch essen kann.

Ich möchte allen histaminintoleranten Personen helfen, eine deutliche Besserung des Allgemeinzustandes zu erreichen bzw. sogar völlige Beschwerdefreiheit zu erlangen.

Bedanken möchte ich mich ganz besonders bei meinem Ehemann Johannes, der mir nicht nur den Anstoß für das Schreiben dieses Buches gab, sondern mich auch stets unterstützte, sowie bei meinen Töchtern Leonie, Amelie und Tiffanie, die jederzeit Verständnis für meine Arbeit hatten und auch meine kritischsten Verkoster waren.

Für Johannes, Leonie, Amelie und Tiffanie.

Inhalt

Einleitung

Was tun, wenn Rotwein, Emmentalerkäse oder Thunfischsalat Atemnot oder Kopfschmerzen auslösen? Wenn trotz leicht verdaulichem Essen Magenbeschwerden auftreten? Wenn nach dem Genuss von Tomaten die Nase rinnt? Wenn nach dem Verzehr von Gummibärchen Husten auftritt? Wenn die Haut juckt, nachdem Schokolade gegessen wurde? Wenn junge Menschen Pizza essen und dann unter Herzrhythmusstörungen leiden? Wenn Asthma bronchiale nicht exogen, also von außen durch Pollen, Tierepithelien, Hausstaubmilben, Schimmelpilze, sondern endogen, also von innen kommend, auftritt? Wenn Durchfälle und weicher Stuhl Anlass zur Sorge sind? Wenn Morbus Crohn-Patienten nur medikamentös kontrolliert werden? Wenn der Blutdruck stark erniedrigt ist? Wenn Neurodermitis-Patienten Schübe nach Stress erleiden?

Umfangreiche, aufwändige Untersuchungen sind oft die Folge. Allergietests, Halswirbelsäulenröntgen (Kopfschmerz), kardiologische Untersuchungen (Herzrhythmusstörungen), Darmuntersuchungen etc. führen zu meist negativen Ergebnissen. Der Patient weiß aber, dass etwas nicht stimmt, und spürt unbewusst, was ihm gut tut. Dieses Buch soll helfen, dieses Bauchgefühl in die Tat umzusetzen.

Histamin im menschlichen Organismus

Was ist Histamin?

Histamin ist im richtigen Ausmaß lebensnotwendig, viele Vorgänge würden ohne Histamin gar nicht funktionieren. Histamin wird vom Menschen selbst produziert und steht zur sofortigen Freisetzung jederzeit zur Verfügung.

Dieses „biogene Amin" hat verschiedene Funktionen:

- Es regt die Bildung von Magensaft an.
- Es fungiert als Gewebshormon und ist wesentlich an der Übertragung von Erregungen im Nervensystem beteiligt.
- Es hat eine wichtige Rolle bei der Abwehr von körperfremden Stoffen, der Wundheilung und dem Zellwachstum inne.
- Es beeinflusst den Schlaf-Wach-Rhythmus.
- Es ist an der Peristaltik des Verdauungstraktes beteiligt.
- Es steuert u.a. auch den Appetit.
- Es spielt bei der Regulation der Körpertemperatur, des Blutdrucks, der Schmerzempfindung und der Hormonbildung eine Rolle.
- Es kann die Seekrankheit auslösen.
- Es wird im Zuge einer Immunreaktion auf allergene Stoffe explosionsartig im menschlichen Organismus freigesetzt.

HISTAMIN

- ist ein Vertreter der sogenannten „biogenen Amine".
- wird im menschlichen Körper aktiv gebildet.
- ist an der Regulation verschiedener Körperfunktionen beteiligt (Magensaftsekretion, Zellwachstum, Zelldifferenzierung, Schlaf-Wach-Rhythmus, Lernen und Gedächtnis)
- spielt bei allergischen Reaktionen eine zentrale Rolle. Klinische Folgen sind: Rötung, Juckreiz, Nesselausschlag (Urticaria), Schleimhautschwellung, Atembeschwerden und Blutdruckabfall.
- Histamin addiert sich und ist thermostabil, also gegen Hitze und Kälte resistent.

Histamin hat im Körper diverse natürliche Wirkungen, wie z.B. Gefäßerweiterung und Zusammenziehen der Gebärmutter. Allerdings hat ein Zuviel an Histamin im Körper negative Auswirkungen. Histamin ist der wichtigste Entzündungsstoff (Mediator) bei allergischen Erkrankungen wie Heuschnupfen (Rhinitis allergica) und Asthma bronchiale. Es ist der klassische Auslöser eines Nesselausschlages (Urticaria) und spielt bei Medikamentenallergien bzw. -unverträglichkeiten eine wichtige Rolle.

Unerwünschte Wirkungen durch Histamin sind:

- Kopfschmerzen bis hin zu Migräne
- Verlegte bzw. rinnende Nase
- Atemwegsbeschwerden bis zum Asthma bronchiale
- Herzrhythmusstörungen: schneller Pulsschlag (Tachykardie) bzw. Extraschläge (Extrasystolen) bis zu massiveren Herzproblemen
- Magen-Darmbeschwerden bis hin zu weichem Stuhl und Durchfällen
- Niedriger Blutdruck (Hypotonie)
- Juckreiz und Quaddelbildung an der Haut
- Schwellungen der Augenlider
- Nesselausschläge (urtikarielle Exantheme)
- Schmerzen am Beginn der Monatsblutung (Dysmenorrhoe)

Histamin kann relativ harmlose Symptome verursachen (z.B. Juckreiz und Quaddelbildung), Histamin in der Blutbahn kann aber auch tödliche Folgen haben (anaphylaktischer Schock).

Nicht so sehr das Histamin an sich ist gefährlich, sondern das Fehlen der entsprechenden **Abbaumechanismen** (Diaminoxidase – DAO). Im gesunden Organismus wird das Histamin permanent in unbedenklichen Konzentrationen durch das Enzym Diaminoxidase (DAO) in Schach gehalten, d.h. das DAO baut im Dünndarm ständig ein Zuviel an Histamin ab.

Das Histamin kann im Körper auch aufgrund nachstehender Ereignisse vorübergehend ansteigen:

- Körperlicher Anstrengung
- Plötzlicher seelischer Stress
- Hormonschwankungen
- Infektionskrankheiten
- Akute Magen-Darm-Infekte, Durchfall
- Chronisch entzündliche Darmerkrankungen wie Morbus Crohn und Colitis ulcerosa
- Röntgenkontrastmittel

Die Wirkung des Histamins ist seit rund 100 Jahren bekannt und wurde lange Zeit vor allem als Heuschnupfen interpretiert. Vor etwa 10 Jahren wurde die Histaminintoleranz erstmals beschrieben. Die Entdeckung beruhte auf der Beobachtung, dass es Personen mit allergischen Symptomen gab, deren Allergietest allerdings negativ war.

WODURCH ENTSTEHT ZU VIEL HISTAMIN IM KÖRPER?

1. Wenn im Organismus ein Mangel an DAO besteht, kann das Histamin nicht ausreichend abgebaut werden.
2. Bestimmte Medikamente können die Histaminfreisetzung blockieren oder steigern.
3. Der wesentlichste Grund ist die Zufuhr von histaminreicher Nahrungsmittel oder anderer biogener Amine.
4. Auch Histaminliberatoren erhöhen den Histamingehalt im Blut, da sie das – u.a. in den Mastzellen gespeicherte – Histamin freisetzen. Dazu zählen z.B. Erdbeeren und Zitrusfrüchte.

Diaminoxidase

Histamin ist in so gut wie jedem Lebensmittel enthalten. Der Körper schützt sich dagegen mit einem Enzym: Die Zellen der Darmschleimhaut (Enterozyten) produzieren und enthalten das Enzym namens Diaminoxidase (DAO). Dieses Enzym kann das Histamin abbauen und ist vor allem im Dünndarm, der Leber, in den Nieren und im Blut in den weißen Blutzellen sowie bei Schwangeren in der Plazenta auffindbar.

DAO wird ständig produziert und ins Darminnere abgegeben. Bei gesunden Menschen wird daher histaminhältige Nahrung bereits im Darm von Histamin befreit. DAO schützt weiters auch vor Histamin, das von Darmbakterien auf natürliche Art gebildet wird. Sollte trotzdem Histamin über die Darmzellen aufgenommen werden, so gelangt es über die Blutbahn in die Leber. Dort wird das Histamin vom zweiten wichtigen histaminabbauenden Enzym, der N-Methyltransferase, abgebaut. Hauptaufgabe der N-Methyltransferase ist der Abbau des Histamins, das im Körper selbst entsteht.

Bei Patienten, die Beschwerden nach dem Essen von histaminhältigen Speisen haben, ist wahrscheinlich der Histaminabbau im Darm durch das Enzym Diaminoxidase gestört.

Es gibt mindestens drei Arten solch einer verminderten DAO-Aktivität:

1. Angeborener DAO-Mangel; dieser ist eher selten.
2. Vorübergehender DAO-Mangel; z.B. kann eine chronisch entzündliche Darmerkrankung (Morbus Crohn und Colitis ulcerosa) oder ein akuter Infekt der Darmschleimhaut zu DAO-Mangel führen. Die DAO-Enzymaktivität kann sich nach Abklingen des Infekts wieder normalisieren.
3. Exogen, also von außen, durch die Gabe von DAO-hemmenden Substanzen zugeführt, z. B. durch Alkohol oder viele Medikamente. Medikamente gegen Asthma, gegen hohen Blutdruck, gegen Rheuma, viele Schmerzmittel und Antibiotika blockieren die DAO-Aktivität. (Siehe dazu das Kapitel Medikamente S. 39.) Auch Kakao, schwarzer Tee und Energy Drinks (Bestandteil Theobromin) können das DAO blockieren.

Beim Zusammenbrechen der Darmbarriere gegen Histamin, also bei nicht ausreichendem Histaminabbau über das Enzym DAO im Darm, wird auch das zweite histaminabbauende Enzym, die N-Methyltransferase, beeinträchtigt, nämlich durch die Abbauprodukte von Histamin. Daher kann eine Hemmung des Enzyms DAO im Darm zu einer **Entgleisung des Histaminstoffwechsels** führen, insbesondere dann, wenn mehrere histaminhältige Nahrungsmittel verzehrt werden.

Bis dato gibt es kein Medikament, das die DAO-Aktivität deutlich erhöht.

HISTAMIN IST EIN »BIOGENES AMIN«

Weitere biogene Amine sind z.B. Putrescin, Cadaverin, Spermin, Spermidin, die alle in unseren Nahrungsmitteln in unterschiedlicher Menge vorkommen können und von dem Enzym DAO abgebaut werden. Daher kann der Fall eintreten, dass eine histaminarme Speise, die allerdings eine große Menge anderer biogener Amine enthält, das im Körper vorhandene DAO aufbraucht und es dann für den weiteren Abbau von Histamin nicht mehr zur Verfügung steht.

Definition von Histaminintoleranz

Unter Histaminintoleranz wird die **Unverträglichkeit von Histamin**, das durch die Nahrung aufgenommen wurde, verstanden, deren Ursache ein Mangel des histaminabbauenden Enzyms Diaminoxidase (DAO) oder ein Missverhältnis zwischen Histamin und DAO ist.

Es wird angenommen, dass 1 % der Gesamtbevölkerung unter Histaminintoleranz leidet. Davon sind rund 80 % weiblichen Geschlechts und in der Altersgruppe um 40 Jahre. Somit sind in 20 % der Fälle Männer, aber auch Kinder betroffen. Für die HIT bei Frauen bietet die hormonelle Umstellung eine Erklärungsursache. Bei Kindern wird an eine genetische Prädisposition gedacht, insbesondere dann, wenn mehrere Familienmitglieder betroffen sind.

Andere Schätzungen haben ergeben, dass 1 bis 3 % der Bevölkerung von Histaminintoleranz betroffen sind, das sind in Österreich zwischen 80.000 und 240.000 Menschen und in Deutschland mindestens 800.000 bis 2 Millionen Menschen.

Die Symptome der Histaminintoleranz sind jenen einer Allergie sehr ähnlich, aber es liegt keine allergische Reaktion vor, da keine Antikörper gebildet werden. Daher wird im Fall von HIT von einer **„Pseudo-Allergie“** gesprochen.

Die **Beschwerden** entstehen, weil der Organismus mit einem Zuviel an Histamin überlastet ist, das nicht abgebaut werden kann. Wird nun viel Histamin durch die Nahrung aufgenommen und ist zu wenig DAO zum Abbauen vorhanden, so gelangt Histamin über die Darmschleimhaut in die Blutbahn und dadurch weiter in die Organe, wo das Histamin die Zellen reizt.

Für den Organismus ist es unerheblich, aus welcher Quelle das Histamin stammt, also ob es vom Körper selbst gebildet oder ob es durch die Nahrung aufgenommen wurde. Weiters liefern allergische Erkrankungen, wie Heuschnupfen und Asthma, ein Zuviel an Histamin.

Histamin addiert sich. Daher können bei Überschreiten der individuellen Toleranzgrenze allergische oder allergieähnliche Beschwerden auftreten. Für den Patienten ist es unerheblich, ob die Ursache seiner Erkrankung eine echte Allergie, eine unspezifische Histamin-Freisetzung oder eine Histamin-Abbaustörung ist. Wichtig für den Betroffenen ist aber, dass rasch eine Diagnose und damit eine Therapie gefunden werden kann.

Histamin ist thermostabil, das bedeutet, dass es weder durch Tiefkühlen noch durch Erhitzen (Braten, Backen, Kochen, Mikrowellen) zerstört werden kann.

Diagnose von Histaminintoleranz

Die Diagnose von HIT verbunden mit der darauf folgenden Therapie kann den Betroffenen das Leben sehr erleichtern. Viele Patienten leiden jahrelang unter unerklärlichen Symptomen wie Kopfschmerzen oder Durchfällen. Nach einer eindeutigen Diagnose können sie lernen, beschwerdefrei zu leben.

Es müssen aber bei Verdacht auf Histaminintoleranz immer Grunderkrankungen, die eine Hemmung der DAO bewirken können, erkannt bzw. ausgeschlossen werden. Dazu gehören Erkrankungen von Entgiftungsorganen wie Leber, Darm und Nieren. Auch sollten Unverträglichkeiten wie Laktose- und Fruktose-Intoleranz abgeklärt werden.

Zur Erhebung der Vorgeschichte (Anamnese) ist es sehr hilfreich, wenn Betroffene ein **Tagesprotokoll** führen. Aufgezeichnet sollten folgende Informationen werden:

- Was wird gegessen?
- Was wird getrunken? (auch Alkohol)
- Welche Medikamente werden eingenommen? (Name des Medikaments und Häufigkeit der Einnahme)
- Welche Beschwerden treten auf?

Besonders auffällig sind Kopfschmerzen, Migräne, Bauchschmerzen, Koliken, starke Darmgeräusche, Durchfall, aber auch Müdigkeit, Schwindel, Hautreaktionen. Abzuklären sind auch allergische Erkrankungen oder Magen-Darm-Erkrankungen.

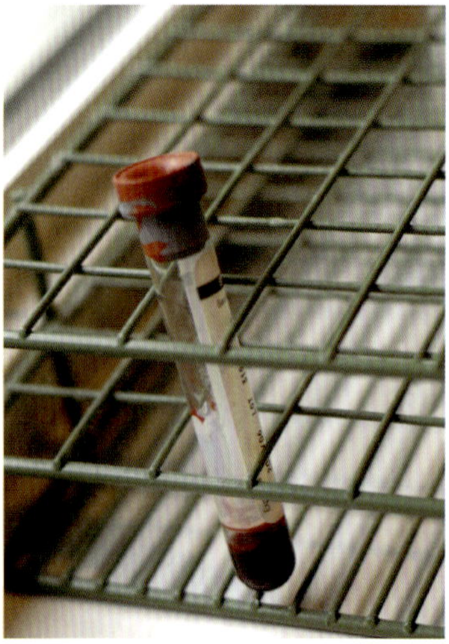

Blutuntersuchung

Ein einfacher Bluttest genügt, um Klarheit zu erhalten: Es wird zum einen die Diaminoxidase (DAO) bestimmt, die Aussage darüber gibt, ob der Körper imstande ist, das Histamin ausreichend abzubauen. Zum anderen wird das Histamin bestimmt.

Eruiert werden kann der DAO-Spiegel im Blutserum. Je niedriger dieser ist, desto wahrscheinlicher ist eine HIT. Zudem kann der Histaminspiegel im Blutplasma und der Vitamin-B6-Spiegel im Blutserum gemessen werden. Da das Enzym DAO ein Vitamin-B6-abhängiges Enzym ist, ist ein geringer Vitamin-B6-Gehalt ein Hinweis auf HIT. Es kann auch die Ausscheidung der Histamin-Metaboliten im Harn nachgewiesen werden.

MÖGLICHE KONSTELLATIONEN DER BLUTWERTE BEI HISTAMININTOLERANZ:

1. Histamin normal und DAO niedrig
2. Histamin hoch und DAO hoch
3. Histamin hoch und DAO niedrig

Nach einer mindestens zweiwöchigen HIT-Diät sollten die Blutwerte wieder bestimmt werden. Leidet die betreffende Person tatsächlich unter Histaminintoleranz so bessern sich bei Einhalten der Diät die Beschwerden oder es tritt sogar Beschwerdefreiheit ein. Der Grund liegt darin, dass der Histaminspiegel sinkt und sich die DAO-Aktivität erhöht.

MERKE

Die Histaminintoleranz (HIT) entsteht durch ein Zuviel an Histamin im Körper, das nicht abgebaut werden kann, weil zu wenig DAO-Enzym vorhanden ist.

Diäten

Ratsam ist eine Eliminations-Diät. Dies bedeutet, der Patient soll für vier Wochen eine histaminarme Kost zu sich nehmen. Bei einer HIT erfolgt binnen zwei Wochen eine Besserung, wenn wirklich alle histaminreichen und histaminfreisetzenden Speisen und Arzneien gemieden werden. Ein neuerlicher Bluttest sollte eine Normalisierung des Histamin-Spiegels aufzeigen. Danach können in kleinen Mengen diverse Lebensmittel probiert und auf die Symptome geachtet werden.

Die Toleranzgrenze ist bei jedem Menschen anders und es schwankt auch der Histamingehalt im einzelnen Lebensmittel (je nach Lagerung, Reifung etc.). Ein exakter Diätplan mit Tagesprotokoll ist auf jedem Fall sehr hilfreich!

M E R K E

WAS TUN BEI HIT?

1. Einhalten einer histaminarmen Diät
2. Finden von Alternativen zu DAO-hemmenden Arzneimitteln bzw. solchen, die Histaminliberatoren sind (nur in Absprache mit dem behandelnden Arzt!)

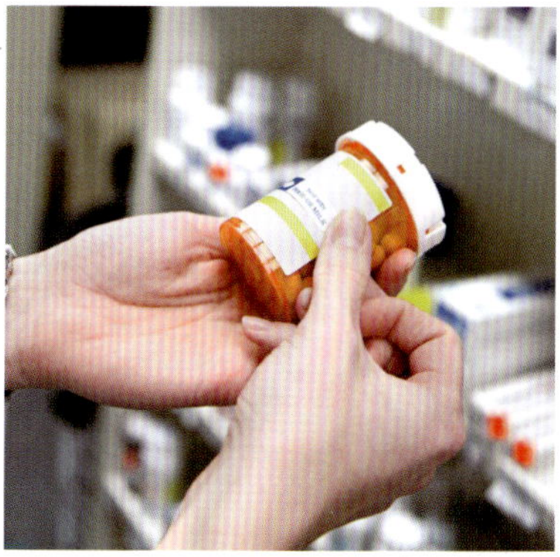

3. Einnahme von Antihistaminika in besonderen Situationen: Besonders eignen sich Antihistaminika zur kurzfristigen Symptomunterdrückung, wie z.B. solche vom Typ H1-Rezeptorblocker. Diese wirken bei asthmatischem Schnupfen, Hautbeschwerden, Schwindelgefühl und Kopfschmerzen.
4. Einnahme von Vitamin B6 und C: Vitamin B6 ist als Koenzym im Aminosäurestoffwechsel von großer Bedeutung. Ein Zuwenig begünstigt einen Histaminüberschuss. Vitamin C kann Histamineffekte im Organismus abbauen.

Histamin in Lebensmitteln

Grundsätzliches

Eiweißhaltige Nahrungsmittel enthalten so gut wie immer Histamin. Dieses entsteht

1. bei unzureichender Lagerung,
2. bei Verderb von Nahrungsmittel,
3. bei einem bakteriellen Gärungsablauf bei der Produktion, wie z.B. Sauerkraut, Essig, reifer Käse, Wein.

Je länger ein Nahrungsmittel reift oder – unzureichend – gelagert wird, desto höher ist sein Gehalt an Histamin. Der Grund dafür ist, dass Bakterien bei der Reifung Aminosäure abbauen und aus Histidin Histamin bilden.

Verdorbenes Fleisch enthält z.B. sehr große Mengen von Histamin, stark verdorbenes Fleisch (Aas) wird z.B. von Löwen sehr gut vertragen, wir Menschen würden sterben.

MERKE

Nahrungsmittel, die einen Reifungsprozess durchmachen, haben einen hohen Histamingehalt.

BESONDERS HISTAMINREICHE NAHRUNGSMITTEL

Fisch	Thunfisch, Sardellen, Makrele
Käse	Emmentaler, Roquefort, Camembert
Hartwurst	Rohschinken, Salami
Gemüse	Sauerkraut, Tomaten, Spinat
Alkohol	Rotwein, Weißwein, Bier

(Tab. von Jarisch, Histamin-Intoleranz)

FRISCHE TIERISCHE NAHRUNGSMITTEL ENTHALTEN NUR UNBEDEUTENDE MENGEN AN HISTAMIN
Frischfleisch
frischer Fisch
Milch
Eier

(Tab. von Jarisch, Histamin-Intoleranz)

Warum enthalten manche Nahrungsmittel so viel Histamin?

Im Zuge der Weiterverarbeitung, Haltbarmachung und Reifung durch Mikroorganismen und durch Alterungsprozesse entsteht Histamin. Die Aminosäure Histidin ist das Ausgangsprodukt für Histamin. Histidin ist ein Bestandteil so gut wie aller tierischen und pflanzlichen Proteine und wird durch einen einzigen chemischen Umwandlungsprozess (Decarboxylierung) zum Histamin.

Reich an Histamin sind somit

- alle vergorenen Lebensmittel (Milchprodukte – v.a. Käse –, Sauerkraut, Wein, Bier, Essig),
- alle Fleischprodukte, die mittels Trocknung von geräuchertem/gesalzenem Fleisch produziert werden (Rohwürste wie Salami, Rohschinken),
- alle sehr lange gelagerten Nahrungsmittel („Dauerprodukte“),
- bei unsachgemäßer Lagerung Fisch und Meeresfrüchte. (Sehr anfällig für exzessive Histaminbildung!)

TIPP

- Greifen Sie zu sofort nach Fang tiefgekühltem Fisch.
- Frische Nahrungsmittel sind histaminarm; es gibt nur einige Ausnahmen.

„Biologisch“ hergestellte Lebensmittel enthalten nicht weniger Histamin als industriell produzierte Nahrung. Im Gegenteil: Die Hygienebedingungen in Großbetrieben und die Verwendung von Reinzuchthefen und -bakterien helfen eher mit, das Risiko von unerwünschtem mikrobiellen Wachstum und den daraus resultierenden höheren Histamingehalt zu minimieren.

Milchprodukte und Käse

Frischmilchprodukte wie beispielsweise Milch, Buttermilch, Rahm, Joghurt, Butter, Butterkäse, Frischkäse enthalten nur wenig Histamin. Je länger die Reifezeit, desto höher ist die Histaminkonzentration.

Für Käseliebhaber mag dies problematisch sein, denn viele Käsesorten entfalten erst mit zunehmender Reifung das besondere Aroma, wie z.B. alter Gouda, reifer Camembert, Salzkäse wie Parmesan, Schimmelkäse wie Roquefort. Allerdings wurde festgestellt, dass histaminreicher Käse von HIT-Personen weitaus besser vertragen wird als histaminreicher Fisch. Als Erklärung wird vermutet, dass biogene Amine aus Käse im Magen-Darm-Trakt nur relativ langsam freigesetzt werden. Dies bedeutet für HIT-Personen: Besser bei Käse „sündigen“ als bei Fisch!

MERKE

- Käse aus Rohmilch hat einen höheren Histaminwert als Käse, der aus pasteurisierter Milch erzeugt wurde.
- Käse mit Reifezeit kann nicht histaminfrei sein: Emmentaler, Bergkäse, Alpenkäse, Parmesan, „alter“ Gouda, zum Teil auch Cheddar.
- Frischmilch und Frischmilchprodukte (Joghurt, Buttermilch, Rahm), Frischkäse sind sehr histaminarm.
- Topfen, Cottage Cheese und andere Frischkäseerzeugnisse sind so gut wie histaminfrei.

TIPP

Bei einer Spaghetti-Käsesoße aus z.B. Blauschimmelkäse ist zu beachten, dass Käse, der noch lange haltbar ist, d.h. also noch nicht sehr lange im Supermarkt im Kühlregal gelegen ist, histaminärmer ist und somit weniger leicht Beschwerden verursacht. Wichtig ist jedoch, dass die Soße frisch gekocht und sofort verzehrt wird. Keinesfalls sollte solch eine Soße bei Zimmertemperatur stehen gelassen werden und später nochmals gegessen werden! Speisereste sollten sofort im Kühlschrank gelagert, aber dennoch womöglich nicht mehr von einem HIT-Betroffenen verspeist werden.

MERKE

Kein Rohmilchkäse!

RICHTWERTE FÜR HISTAMINGEHALT IN MILCHPRODUKTEN

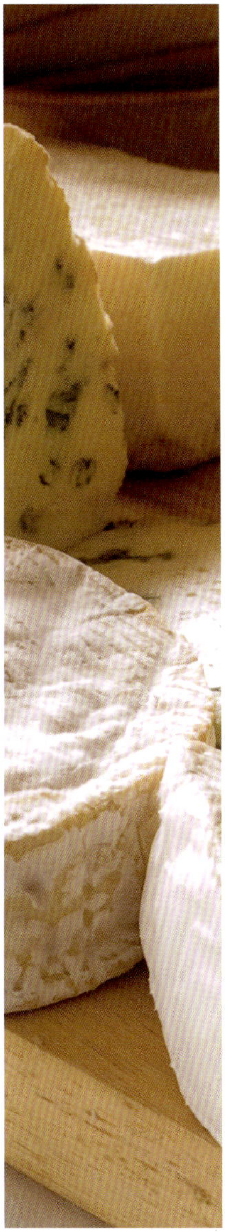

(Tab. von Jarisch, Histamin-Intoleranz – in Klammer sind einzelne gemessene Maximalwerte angegeben)

Nahrungsmittel	Milligramm (mg)/kg
MILCH, JOGHURT	
Pasteurisierte Milch	0,3 – 0,7
Haltbarmilch	0,8
Kondensmilch	1,2
Joghurt	2,1
HARTKÄSE	
Emmentaler	10 – 500 (2500)
Bergkäse	10 – 1200
Parmesan	10 – 580
Cheddar	10 – 60 (1300)
BLAU- UND GRÜNSCHIMMELKÄSE	
Österr. Blau- und Grünschimmelkäse	10 – 80
Stilton	150
Roquefort	2000
SCHNITTKÄSE	
Gouda	10 – 200 (900)
Edamer	10 – 150 (500)
Raclette	10 – 150
Stangenkäse	10 – 150
Fontina	10 – 100
Bierkäse	10 – 80
Tilsiter	10 – 60
Käse nach Holländer Art	10 – 60
Mondseer	10 – 30
Monte Nero	20
Trappistenkäse	10
Geheimratskäse	10
Butterkäse	10
WEICHKÄSE	
Camembert, Brie	10 – 300 (600)
Schlosskäse	10 – 100
Romadur, Limburger	10 – 70
Harzer Käse	390
SAUERMILCHKÄSE	
Quargel	10 – 50 (390)
SCHAFKÄSE	
Schafkäse	20

Schokolade

Schokolade enthält selbst kein Histamin, jedoch die beiden anderen biogenen Amine Phenylethylamin und Tyramin, die aus dem Kakao stammen. Daher sind sämtliche Nahrungsmittel mit Schokolade wie Kakaogetränke, Torten, Süßspeisen, Speiseeis etc. nicht zu empfehlen.

Tyramin und Phenylethylamin ist nicht nur im Kakao enthalten, sondern in Käse sowie in Rohwürsten und verdorbenem Fleisch zu finden. Diese beiden biogenen Amine werden ganz besonders als Ursache für **Migräne** diskutiert.

Fleisch und Fleischprodukte

Frischfleisch enthält so gut wie kein Histamin. Grundsätzlich gilt: Je länger das Haltbarkeitsdatum, desto weniger Histamin! Dies sollte beim Einkauf unbedingt beachtet werden!

Bei der **Weiterverarbeitung** von Fleisch zu Wurstwaren, kommt es im Zuge der Reifung zur Anreicherung von biogenen Aminen. So werden Rohwürste und Rohschinken durch Trocknung von rohem Fleisch hergestellt. Dies geschieht meist durch Zusatz von Salz, dann spricht man von Pökelungsreifung, und/oder durch Räucherung (Rauchreifung). Rohwürste und Rohschinken dürfen erst nach einer gesetzlich vorgeschriebenen Mindestreifezeit in Verkehr gebracht werden. Im Zuge der Reifung kommt es zur Anhäufung von biogenen Aminen.

Zu Rohwürsten zählen u.a. folgende Wurstsorten: Salami, Kantwurst, Cervelatwurst, Landjäger, Mettwürste. Zum Rohschinken gehören u.a. Prosciutto, Westfäler Schinken, Bündner Fleisch, Parmaschinken, Tiroler Speck, Hamburger Speck, Osso collo.

Unsachgemäße Lagerung oder zu lange Lagerung führt auch bei frischem Fleisch zum Verderb unter Histaminbildung.

RICHTWERTE FÜR HISTAMINGEHALT IN FLEISCH UND WURSTWAREN

Nahrungsmittel	Milligramm (mg)/kg
Rindfleisch, frisch	< 2,5
Hühnerfleisch, frisch	< 1
Schweinefleisch	0 – 45*
Putenfleisch	0 – 3*
Salami	10 – 280
Cervelatwurst	10 – 100
Kantwurst	10 – 50
Mettwurst 1. Woche	<1
Mettwurst 2. Woche	1 – 10
Mettwurst 3. Woche	1 – 80
Osso collo	20 – 300
Westäler Schinken	40 – 270
Graubündner Fleisch	6,6

(Tab. von Jarisch, Histamin-Intoleranz); *Ergänzung der Autorin

TIPP

Fleisch und Wurstwaren mit möglichst langem Haltbarkeitsdatum kaufen. Wenn nicht für den sofortigen Verzehr bestimmt, dann unverzüglich einfrieren.

Fisch und Fischprodukte

Frischer Fisch enthält wie frisches Fleisch so gut wie keine biogenen Amine. Fisch neigt aber zu **besonders raschem Verderb** unter hoher Histaminbildung.

Wird Fisch sachgemäß verarbeitet und tiefgekühlt, so ist er kaum mit Histamin belastet. Jedoch ergaben Messungen, dass dennoch Histaminbelastungen aufscheinen. Dies kann ein Zeichen der verzögerten Verarbeitung sein – oder ein Hinweis auf die Unterbrechung der Kühlkette.

Besonders schnell bildet Fisch mit dunklem Muskelfleisch Histamin: Makrele, Thunfisch und Bonito. Marinierter Fisch ist aufgrund der Essigmarinade zusätzlich mit Histamin belastet (Russen/Bismarckhering, Rollmops). Die Weiterverarbeitung durch Salzung lässt den Histamingehalt stark steigen: Matjeshering, Bücklinge, Schillerlocke, Sardinen, Sardellen, Seelachs (roter Lachsersatz). Ebenso steigt der Histaminanteil durch das Räuchern: Forelle, Makrele, Schillerlocke, Kieler Sprotten, Bücklinge. Fischkonserven sind ebenso stark histaminbelastet.

Meeresfrüchte (Muscheln, Krebse/Schrimps/Krabben, Tintenfische) neigen ebenso zur Histaminbildung.

RICHTWERTE FÜR HISTAMINGEHALT IN FISCH UND FISCHPRODUKTEN

Nahrungsmittel	Milligramm (mg)/kg
Fisch, fangfrisch	0
Fisch, verdorben	bis 13.000
Tiefkühlware	0 – 5
Tiefkühlfisch, paniert	0 – 7
Vollkonserven (Sardellen, Thunfisch, Sardinen)	0 – 35 (bis 1500)
Makrele geräuchert	0 – 300
Matjes, Bismarckheringe	0 – 10

(Tab. von Jarisch, Histamin-Intoleranz – in Klammer sind einzelne gemessene Maximalwerte angegeben)

Essig

Branntweinessig (Weingeistessig) wird industriell aus Getreide hergestellt, hat nichts mit „Wein" zu tun, unterliegt keinem Reifeprozess wie z.B. Apfelessig, Balsamicoessig, Rotweinessig und dergleichen und ist daher sehr gut verträglich. Reisessig, der aus Wasser und Reis (ev. Vollkornreis) hergestellt wird, ist auch eine mögliche Alternative.

Essig ist oftmals in diversen Produkten enthalten, wie z.B. in Senf, Mayonnaise, aber natürlich auch bei Essiggurken und fertigen Salaten. Hier kann nur empfohlen werden, sämtliche Marken zu studieren. Sie werden einen Senf und eine Mayonnaise ohne histaminhältige Zutaten finden!

Grundsätzlich wird immer wieder festgestellt, dass das „Grundprodukt", z.B. 80%ige Mayonnaise aus nur wenigen, meist histaminfreien Zutaten (Öl, Ei, Weingeistessig, Salz, Zucker etc.) hergestellt wird. Viele fettreduzierten („Light"- oder „Diät"-) Produkte benötigen oft weitaus mehr Zutaten, unter anderem oft auch chemische Zusatzstoffe, und sind meist sehr histaminhältig bzw. können (pseudo)allergische Reaktionen hervorrufen.

Man muss davon ausgehen, dass in Restaurants immer histaminhältiger Essig verwendet wird. Eine brauchbare Art, Salate auch in Restaurants zu genießen, ist daher, den Salat ohne Marinade zu bestellen, selbst nur mit Öl zu marinieren oder sich genauestens zu erkundigen, ob z.B. im dort angebotenen Joghurtdressing nicht auch Essig enthalten ist.

Sehr wichtig ist diese Information sicherlich für jene Personen, die regelmäßig in Restaurants essen, z.B. in der Mittagskantine, beim Lieblingsitaliener und dergleichen.

RICHTWERTE FÜR HISTAMINGEHALT IN ESSIG

Nahrungsmittel	Mikrogramm (µg)/l
Apfelessig	20
Tafelessig	500
Rotweinessig	4000

(Tab. von Jarisch, Histamin-Intoleranz)

Obst und Gemüse

RICHTWERTE FÜR HISTAMINGEHALT IN GEMÜSE

Nahrungsmittel	Milligramm (mg)/kg
Tomaten (Ketchup)	22
Spinat	30 – 60
Melanzani (Auberginen)	26
Avocado	23
Sauerkraut	10-200

(Tab. von Jarisch, Histamin-Intoleranz)

Alkohol

Der Alkoholgenuss ist für Personen mit Histaminintoleranz in dreifacher Hinsicht bedenklich:

1. Alkohol kann viel Histamin enthalten.
2. Alkohol kurbelt die körperliche Histaminbildung an, da er ein Histaminliberator ist.
3. Alkohol hemmt die Bildung des DAO-Enzyms.

Besonders histaminbelastet sind **Rotweine** (Chianti, Burgunder, Bordeaux), denn der Säureabbau von gereiften Rotweinen wird durch Milchsäurebakterien in Gang gebracht und eine lange Maischegärung fördert auch die Histaminbildung. Außerdem: Sekt, Champagner, Weizenbier, hefetrübes Bier.

Säurearme weiße Weißweine hingegen enthalten kaum Histamin. Dazu zählen der Grüne Veltliner aus Österreich oder der deutsche Rhein-Mosel-Riesling. Trotzdem klagen manche Weißweintrinker über Migräne oder andere pseudoallergische Reaktionen. Diese können durch die erhöhte Menge an Sulfit (hemmt das Wachstum von Pilzen) entstehen. Auch Champagner (sowieso schon histaminreich) wird oft mit Sulfit konserviert. Allerdings gibt es bereits spezielle histaminarme Sektsorten am Markt.

WAS WIRD AM EHESTEN VERTRAGEN?

- Geringe Mengen von sehr saurem Weißwein
- Geringe Mengen von Bier
- Einige Firmen produzieren bereits histaminfreien Sekt

HISTAMINGEHALT IN ALKOHOLISCHEN GETRÄNKEN

Nahrungsmittel	Mikrogramm (mg)/l
Rotweine	60 – 13.000
Dessertweine	80 – 400
Weißweine	3 – 120
Sekt/Champagner	15 – 670
Weizenbier	117 – 305
Bier	15 – 52

Biogene Amine

Viele Lebensmittel enthalten zwar nicht Histamin, aber dem Histamin sehr ähnliche Stoffe, sogenannte biogene Amine.

Biogene Amine kommen oftmals gemeinsam mit Histamin vor, da sie ebenso als Folge von mikrobieller Aktivität entstehen. Es gibt aber Lebensmittel, die ausschließlich biogene Amine und nicht Histamin enthalten; die Auswirkungen sind jedoch die gleichen. Die Begründung dafür ist, dass z.B. Tyramin und Serotonin ähnlich wie Histamin direkt auf die Blutgefäße wirken und dass z.B. Putrescin den Histaminabbau verhindert. Cadaverin, Spermin und Spermidin setzen aus bestimmten histaminhaltigen Zellen Histamin frei, fungieren also als Histaminliberatoren.

Es gibt einige Nahrungsmittel, die im menschlichen Organismus zur Ausschüttung von Histamin führen. Dazu gehören u.a. Erdbeeren und Zitrusfrüchte.

BIOGENE AMINE SIND Z.B.:

- Tyramin
- Putrescin
- Phenylethylamin
- Cadaverin
- Spermin
- Spermidin

BIOGENE AMINE

Biogenes Amin	Vorkommen zum Beispiel in:
Histamin	Fisch, Käse, Wein (wie Chianti, Burgunder)
Cadaverin	Verdorbenes Fleisch
Putrescin	Verdorbenes Fleisch, Käse, Tomaten, Orangen
Agmatin	Käse
Tyramin	Käse (besonders Parmesan, Cheddar, Camembert), Hering, Schokolade, Kakao, Zitrusfrüchte, Sauerkraut, Wein
Phenylethylamin	Bitter- und Milchschokolade, Käse (wie Cheddar)
Serotonin	Ananas, Avocado, Banane (altersgereift), Walnüssen

(Tab. von Wolzt/Ring/Feffer-Holik, Gesund essen & trotzdem krank)

Nachstehende Tabelle zeigt die Wirkungen der Ausgangssubstanz bzw. des biogenen Amins auf.

WIRKUNG DER BIOGENEN AMINE

Ausgangssubstanz	Biogenes Amin	Wirkungen
Histidin	Histamin	Pseudo-Allergie, Kopfschmerz, Migräne, Koliken, Flush
Phenylalanin	Phenylethylamin	Kopfschmerz, Migräne, Schwindel, Übelkeit
Tyrosin	Tyramin	Herzklopfen, Anstieg des Blutdrucks, kann zu Kopfschmerzen, Migräne führen. Vorsicht bei Einnahme von sogenannten MAO-Hemmern (gegen Depressionen): Sie schränken den Abbau von Tyramin ein.
Dihydroxyphenylserin	Noradrenalin	Blutdruckanstieg
L-Tryptophan	Serotonin	Erhöht den Blutdruck, Migränegefahr, regt die Darmtätigkeit an
Ornithin	Putrescin	Wachstumsfaktor für Bakterien und Schimmelpilze, verstärkt Histamin

(Tab. von Wolzt/Ring/Feffer-Holik, Gesund essen & trotzdem krank)

OBST, GEMÜSE UND NÜSSE MIT HOHEM GEHALT AN BIOGENEN AMINEN

Nahrungsmittel	Biogenes Amin in mg/kg
Orangen, Grapefruit	Putrescin 100 – 120
Bananen	Putrescin 33 Serotonin 77 Dopamin bis 650 Noradrenalin 100
Ananas	Serotonin 20 – 35
Papaya	Serotonin 10 – 20
Himbeeren	Tyramin 10 – 90
Birnen	Spermin 30 Spermidin 50
Tomaten	Putrescin 65
Hülsenfrüchte	Spermin 35 – 55 Spermidin 50 – 70
Weizenkeime	Putrescin 10 – 140 Cadaverin 20 – 230 Spermin 20 – 140 Spermidin 80 – 210
Cashewnüsse	Spermin 55 Spermidin 38
Walnüsse	Serotonin

(Tab. von Jarisch, Histamin-Intoleranz)

Histaminliberatoren

Histaminliberatoren sind Substanzen, die zur Freisetzung von Histamin führen, ohne dass dafür eine Reaktion des Immunsystems nötig ist. Es werden damit die Symptome einer Histaminintoleranz verstärkt.

ZU DEN HISTAMIN-LIBERATOREN ZÄHLEN:

- Erdbeeren
- Zitrusfrüchte
- Tomaten
- Meeresfrüchte
- Ananas
- Kiwi
- Nüsse
- Alkohol
- Medikamente

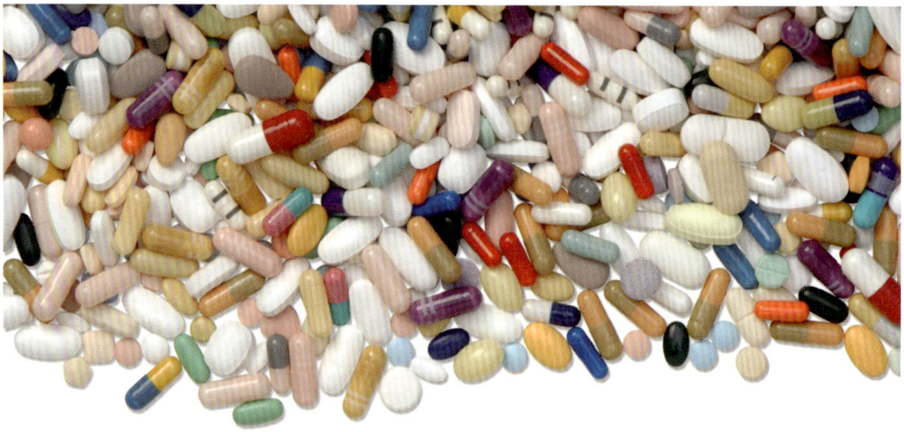

Betreffend Medikamente ist wichtig: Es gibt bestimmte Substanzen in Schmerz-, Rheuma- oder Asthmamittel, die die Freisetzung des Histamins, das in Mastzellen gebunden ist, verstärken. Dazu gehört z.B. die Acetylsalicylsäure (ASS) in Schmerzmitteln (z.B. Aspirin).

ASS hemmt ein bestimmtes Enzym, nämlich die Cyclooxygenase; dieses Enzym steuert die Produktion von gefäßerweiternden Substanzen. Daher können nach der Einnahme von ASS gefäßverengende Wirkstoffe, die auch die Bronchien beeinflussen, die Oberhand gewinnen. Durch diese Enzymhemmung wird auch Histamin freigesetzt und es kann letztlich zu asthmatischen Anfällen kommen.

Eine Freisetzung von Histamin können auch folgende Medikamentenwirkstoffe bewirken:

- Diclofenac (gegen Rheumaschmerzen)
- Mefanaminsäure (Schmerzzustände)
- Indometacin (Rheumamittel)
- Ketoprofen (Schmerzmittel)
- Röntgenkonstrastmittel
- Codein (in Hustenmitteln)
- Morphine
- Babiturathältige Schlaf- und Narkosemittel

Es gibt als Alternative zu den Schmerz- und Rheumamitteln Medikamente mit den Wirkstoffen Ibuprofen und Fenbufen.

Zusatzstoffe

Konservierungsstoffe, Farbstoffe, Geschmacksverstärker, Stabilisatoren, Salicylate, Benzoesäure und dergleichen

Zum Beispiel werden zum Färben von Lebensmitteln sogenannte Azofarbstoffe verwendet. Diese haben chemisch gesehen eine ähnliche Struktur wie ASS (Acetylsalicylsäure). Daher ist Vorsicht auch bei Azofarbstoffen für HIT-Personen angebracht.

Der Geschmacksverstärker „Hefeextrakt" ist so gut wie in allen Fertigprodukten aus dem Supermarkt enthalten und nicht zu empfehlen.

Genauere Informationen zu E-Nummern, die von HIT-Personen gemieden werden sollten, finden Sie im Anhang.

Vorgangsweise für HIT-Betroffene

Bei einer histaminfreien Diät sollten nicht nur histaminhältige Speisen, sondern auch Nahrungsmittel mit biogenen Aminen und Histaminliberatoren vom Speisezettel gestrichen werden.

Erwachsene

Nach einer vierwöchigen Diät können Erwachsene ein Lebensmittel ausprobieren. Am besten sollte nur ein einziges Lebensmittel aus der Gruppe der biogenen Amine oder Histaminliberatoren an einem Tag verzehrt werden und auf die Reaktionen geachtet werden. Dann sollte wieder mindestens 2 Tage strenge histaminfreie Diät eingehalten werden. So können Erwachsene sehr gut ihre für sie „verbotenen" Lebensmittel herausfinden, also jene, die ihre Lebensqualität beeinträchtigen. Diese wird man sicherlich gerne vom Speiseplan streichen.

Erwachsene können – im Gegensatz zu Kleinkindern – meist ihre Beschwerden benennen und einen Zusammenhang mit der Nahrung herstellen. Sie können einzelne Produkte ausprobieren und beobachten, wie sie darauf reagieren.

Kinder

Bei Kindern, insbesondere Kleinkindern, können die Reaktionen meist nur von den Eltern festgestellt werden. Das Kleinkind selbst ist darauf angewiesen, dass seine Bezugspersonen wissen, was dem Kind guttut. Daher ist hier auf jeden Fall eine strenge histaminfreie Diät mit dem Weglassen der Histaminliberatoren und jenen Lebensmittel mit biogenen Aminen angebracht.

Ein Kind benötigt seine ganze Kraft für das Wachstum und das tägliche Lernen! Der Organismus von Kindern sollte nicht permanent gegen zu hohe Histamindosen ankämpfen müssen, denn dies schwächt den Allgemeinzustand des Kindes sehr. Außerdem können sich aufgrund eines jahrelang hohen Histaminspiegels Folgeerkrankungen wie Asthma, Morbus Crohn, Migräne etc. ausbilden.

MERKE

Ein HIT-Kind kann nach dem Genuss von einer Schokoladetorte, vielleicht sogar noch mit Walnüssen, aufgrund plötzlicher Müdigkeit regelrecht vom Stuhl kippen!

Es empfiehlt sich für unterwegs, einen stets fertig gepackten Rucksack mit HIT-tauglichen, lange haltbaren Lebensmitteln griffbereit zu haben. Gefüllt könnte diese Tasche mit Reiswaffeln, Roggen-Sauerteig-Knäckebrot, Maischips, entsprechenden Keksen und Ähnlichem sein. Ergänzt werden kann der Inhalt mit frischem Obst und/oder Gemüse.

So können Sie stets bei Einladungen auf Ihre Grundnahrungsmittel zurückgreifen und ergänzen, z.B. die Reiswaffel mit dort Angebotenem (Schinken, Käse etc.).

Schwieriger ist für HIT-Betroffene der Trend zum Fastfood. Ein Kindergeburtstag oder eine andere Feier, bei der Pizzas bestellt werden, ist für eine HIT-Person schwierig zu handhaben. Denn eine Pizza enthält neben der Hefe im Teig auch die histaminhältigen Tomaten. Zutaten des Belages wie z.B. Rohschinken, Sardellen, Champignons oder Auberginen lassen den Histamingehalt noch weiter in die Höhe schnellen. Hier empfiehlt es sich, keine Pizza zu essen, sondern mit Mitgebrachtem den Hunger zu stillen, es sei denn, Sie entscheiden für sich (als Erwachsener!), dass sich die Beschwerden am nächsten Tag für Sie trotzdem auszahlen. **Für HIT-Kinder ist solch ein Essen strikt abzulehnen!**

Auch die Schokoladentorte **muss** für histaminintolerante Kinder Tabu sein! Ihr Kind wird lernen, dass es sich für seine eigene Gesundheit nicht dem Gruppendruck beugen muss, sondern klar „Nein“ zu angebotenem Essen sagen kann und eben aus gesundheitlichen Gründen auch sagen muss. Ein Kind kann die Folgeerkrankungen noch nicht einschätzen, ist daher insbesondere auf den Rückhalt der Erwachsenen angewiesen. Sie werden dies Ihrem Kind zuliebe sicherlich schaffen!

Haben Sie ein HIT-Kind in Ihrer Familie, so wird ein **Bluttest bei allen Familienangehörigen** empfohlen. Oftmals wird durch eine einzige sehr empfindliche Person eine andere HIT-Person mit aufgedeckt, deren Symptome bislang nicht eingeordnet werden konnten (z.B. trockener Husten nach dem Verzehr von Süßigkeiten).

Sind Kinder betroffen, so ist die Umstellung der Ernährung der Familie zuhause auf eine histaminarme Kost sehr anzuraten. Ein Kind lernt sein Essverhalten in der Familie, Sie können Ihrem Kind durch eine gute Vorbildwirkung sehr helfen. Desweiteren wird das tägliche Kochen durch die Regel „Gekocht wird nach dem schwächsten Glied in der Familie“ sehr vereinfacht, denn mehrere unterschiedliche Mahlzeiten zuzubereiten ist ein enormer Mehraufwand.

Nicht vergessen werden sollte, dass man einem HIT-Patienten keine histaminreichen Speisen am gedeckten Tisch „vor die Nase“ setzen sollte. Solch ein Vorgehen erschwert das Einhalten der Diät unnötigerweise.

Natürlich kann man einem HIT-Kind, das sich durch eine mehrwöchige Diät stabilisiert hat, immer wieder mal ein Lebensmittel **probieren** lassen. Dies bedeutet: histaminarme Diät den ganzen Tag über und – nach Rücksprache mit dem behandelnden Arzt – unter Aufsicht der Eltern das Ausprobieren eines „verbotenen“ Lebensmittels: z.B. eine kleine Birne. Danach sollten Sie Ihr Kind genau beobachten, im Falle von schweren Reaktionen sofort ein Antihistaminikum geben bzw. einen Arzt aufsuchen!

Durch eine behutsame Vorgangsweise beim Ausprobieren diverser Lebensmittel werden Sie herausfinden, welche Nahrungsmittel Ihr Kind verträgt und welche unbedingt zu meiden sind. Es gilt hier oftmals der Grundsatz: „Die Menge macht es aus.“ So kann z.B. eine Mandarine keine Beschwerden machen und wird vom Organismus ohne sichtbare und spürbare Reaktionen verarbeitet, aber der Verzehr von zwei Mandarinen kann Reaktionen (Lippenbrennen, Hautreaktionen etc.) auslösen.

Es sollte allerdings nicht täglich ein histaminhältiges Produkt auf dem Speiseplan stehen! Bei strenger HIT-Diät kann alle paar Tage EINE Ausnahme gemacht werden. Machen Sie Ihr Kind auf die Reaktionen aufmerksam, so wird es selbst lernen, was ihm guttut und was nicht.

Süßwaren: Es muss davon ausgegangen werden, dass sämtliche bunten Süßwaren mit Zusatzstoffen gefärbt sind, die Reaktionen hervorrufen können. Es ist aber dennoch gefärbter Zucker besser als Schokolade. Weiße Schokolade ist besser verträglich als kakaohältige, löst aber meist nach dem Verzehr einer größeren Menge auch Reaktionen aus. Wenn es also zu Ostern unbedingt einen Schoko-Hasen geben muss, dann sollte jener aus weißer Schokolade bevorzugt, aber dennoch beachtet werden, dass Reaktionen (Hautreaktionen, Asthma, Magen-Darm-Beschwerden, Kopfschmerzen etc.) ausgelöst werden können. Ein Stück Würfelzucker ist naturrein und nicht histaminbelastet.

Medikamente

Es stehen über 90 Medikamentenwirkstoffe im Verdacht, DAO-Hemmer zu sein. Dazu gehören u.a. einige Schmerz- und Schlafmittel, Hustenlöser, Antirheumatika und Antibiotika. Leider finden sich unter diesen DAO-Hemmern auch Wirkstoffe, die häufig gegen HIT-Symptome eingesetzt werden, wie gegen Asthma, Herzbeschwerden, Bluthochdruck und Bronchitis.

So kann z.B. der Wirkstoff Theophyllin in Asthmamitteln den Histaminabbau hemmen. Asthmatiker sollten daher ihre Medikamente nicht zugleich mit histaminreicher Nahrung (z.B. Sauerkraut, geräucherter Fisch, reifer Käse etc.) einnehmen. Eine Liste mit Medikamenten, die HIT als Nebenwirkung hervorrufen, finden Sie im Anhang.

Arzneimittel, die DAO-Hemmer sind, können wochenlang das histaminabbauende Enzym blockieren. (Im Anhang finden Sie zahlreiche Listen mit Medikamenten und Wirkstoffen.) Personen, die mit derartigen Medikamenten behandelt werden, sollten auf histaminhältige Speisen verzichten, da das Histamin aufgrund der DAO-Hemmung nur ungenügend abgebaut werden kann.

Es gibt so gut wie zu jedem im Anhang angeführten Wirkstoff Alternativsubstanzen, die die DAO-Wirkung nicht hemmen. Sie sollten mit Ihrem behandelnden Arzt sprechen, welche Arznei Ihnen womöglich besser bekommt. Keinesfalls sollten Sie eigenmächtig verordnete Medikamente ohne Rücksprache mit Ihrem Arzt absetzen!

Kontrastmittelunverträglichkeit

HIT-Personen vertragen oftmals Kontrastmittel bei Röntgenuntersuchungen schlecht. Hier hilft die vorherige Gabe von Antihistaminika, da dadurch diese Kontrastmittel-Unverträglichkeit weitgehend unterdrückt wird.

VERHALTEN DES PATIENTEN BEI DER RÖNTGENUNTERSUCHUNG

1. Mitteilung der HIT an den behandelnden Arzt
2. Einhaltung einer streng histaminfreien Diät in den 24 Stunden vor der Untersuchung
3. Rücksprache mit dem Radiologen betreffend einer Prämedikation durch Antihistaminika
4. Aus Sicherheitsgründen Einnahme eines Antihistaminikums

Chirurgische und zahnärztliche Operationen

Eine Operation, ein chirurgischer Eingriff und oftmals auch ein Zahnarztbesuch löst bei vielen Patienten Angst aus. **Aber schon alleine durch Angst wird vermehrt Histamin freigesetzt.** Zu einem besonders starken Histaminanstieg kommt es, wenn zusätzlich zur Angst auch noch Schmerzen kommen. Und genau in dem Moment, in dem der Chirurg das Skalpell einsetzt, kommt es im Körper des Patienten zur enormen Histamin-Freisetzung.

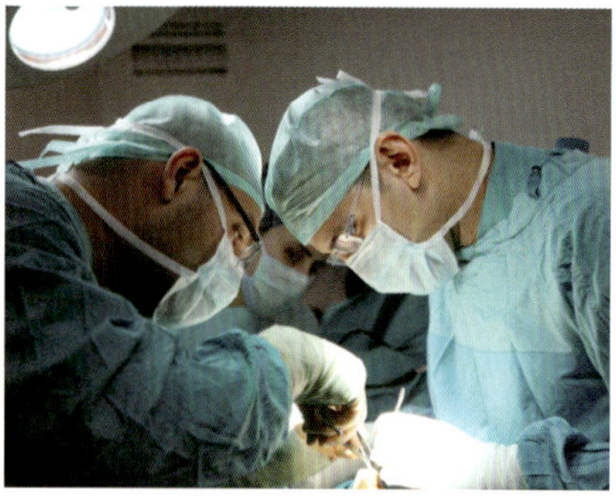

Histamin wird auch durch jedes **dramatische Ereignis** erhöht freigesetzt. Dies bedeutet: Jeder Schlag auf den Körper, jeder Unfall, jede Unfallverletzung, aber auch das Ansetzen des Skalpells am Beginn einer Operation führt zu einer erhöhten Histamin-Freisetzung im Körper des Patienten.

Bei einem HIT-Patienten wird dieses freigesetzte Histamin nur ungenügend abgebaut, wodurch es zu einer Gefäßerweiterung kommt. Dies führt zum Blutdruckabfall und es besteht höchste Kollapsgefahr. Auch Atemstörungen können auftreten.

VERHALTEN DES PATIENTEN BEIM ZAHNARZT

1. Einhaltung einer strengen histaminfreien Diät
2. Prämedikation mit Antihistaminika
3. Gabe eines Lokalanästhethikums bei Auftreten von Schmerzen

Aus der Sicht des Zahnarztes gilt es zu berücksichtigen:

1. Nach Möglichkeit den Patienten liegend oder mit Kopftieflage behandeln (geringere Kollapsgefahr)
2. Gezielte Fragen Richtung HIT, um eine Prämedikation einzuleiten

VERHALTEN DES PATIENTEN VOR OPERATIVEN EINGRIFFEN

1. Einhaltung einer strengen histaminfreien Diät
2. Prämedikation mit Antihistaminika

ANTIHISTAMINIKA

Fexofenadin, Levocetirizin, Desloratadin zählen zu den neueren Antihistaminika und kommen zum Einsatz, wenn neben dem Darm auch andere Organe wie z.B. die Haut, Lunge oder Nase bei der Lebensmittelallergie oder bei der Histaminintoleranz betroffen sind. Diese Medikamente sorgen für eine gewisse Stabilisierung der Allergiezellen und eine sehr gute Blockade von Histamin an den Histaminrezeptoren.

Diese sogenannten „neueren Antihistaminika"

- haben deutlich geringere Nebenwirkungen als z.B. Ketotifen und Oxatomid,
- haben auch gewisse antientzündliche Effekte,
- können sowohl vor als auch nach dem Essen gegeben werden und
- sind bei der Akut- und bei der Schockbehandlung von Bedeutung.

HIT-Personen sollten jedoch keinesfalls ihre Beschwerden ausschließlich durch die Einnahme von Antihistaminika eindämmen! Medikamentöse Behandlung nur in besonderen Situationen, um chronische Folgeerkrankungen zu vermeiden! Außerdem kann eine Antihistaminikumgabe die HIT-Beschwerden nur lindern, aber nicht beseitigen.

Histamin in der Schwangerschaft

In der Schwangerschaft steigt der DAO-Spiegel auf das bis zu 500fache an. Der Mutterkuchen (Plazenta) produziert ab dem 3. Schwangerschaftsmonat eine sehr große Menge an DAO, um die Gebärmutter (Uterus) vor allfälligen Histamineinwirkungen, wie z.B. histaminhältige Nahrung, zu schützen. Histamin löst nämlich die Kontraktion der Gebärmutter aus, daher würde – ohne dieser automatischen DAO-Erhöhung durch die Plazenta – schon die Einnahme von histaminhältigen Speisen ausreichen, um eine Fehlgeburt des Babys auszulösen.

Diese Überproduktion ist also einerseits aus Sicherheitsgründen für das Baby notwendig, andererseits kommt dieses Übermaß an DAO auch der Mutter zugute, da es allfällige allergische Reaktionen verhindert.

Viele Schwangere machen daher die Erfahrung, dass sämtliche Beschwerden wie Heuschnupfen, Asthma oder Kopfschmerzen völlig verschwinden und nach der Geburt wieder auftreten.

Was kann nun noch gegessen werden?

Verträgliche Lebensmittel

GUT VERTRAGEN WERDEN FOLGENDE LEBENSMITTEL:

1. Kartoffeln, Reis, Mais, Dinkel, Quinoa, Amaranth, Haferflocken

2. Eier

3. Mandeln, Mohn, Kokos, Kastanienreis

4. Frischkäse, Buttermilch, Rahm, Topfen (Quark), Cottage Cheese, Milch, Joghurts mit den unten angeführten Früchten, Mozzarella, Schlagobers (Sahne), Sauerrahm (Schmand, saure Sahne), sehr junger Käse wie z.B. Butterkäse. (Keine Rohmilchprodukte!)

5. Alle Fleischarten (Pute, Rind, Huhn ...) außer Schweinefleisch, frisch oder tiefgekühlt; ganz frischer oder tiefgefrorener weißer Fisch wie z.B. Petersfisch, Dorsch, Zander, Seezunge, Seelachs, Scholle, Kabeljau, Seehecht.

6. Obst: Äpfel, Heidelbeeren (Blaubeeren), Kirschen, Johannisbeeren, Ribisel, Marillen (Aprikosen), Nektarinen, Pfirsiche, Melonen, Mangos, Litchis, Khakis, Rhabarber

7. Gemüse: Karotten, Zucchini, Brokkoli, Karfiol (Blumenkohl), Kohl, Rote Rübe (Rote Bete), Kürbis, Zwiebeln, Radieschen, Gurke, Lauch, Knoblauch, Mais, Spargel, Paprika, Blattsalate wie Grüner Salat, Mangold.

8. Putenschinken, Toastschinken, Pressschinken und dergleichen (keine Rohschinken!)

9. Extrawurst, Leberkäse, Frankfurter in geringen Maßen ausprobieren.

10. In geringen Mengen klare Spirituosen wie Schnaps, Pils/Export-Biere, trockener Weißwein

Unverträgliche Lebensmittel

NICHT GEGESSEN WERDEN SOLLTEN:

1. Hefebackwaren, sämtliche Produkte mit Hefe (beinahe alle herkömmlichen Fertigprodukte enthalten „Hefeextrakt“!) und Weizen; somit auch alle panierten Speisen, die mit Semmelbröseln (Hefe und Weizen; Paniermehl) gemacht wurden.

2. Tomaten (Ketchup!), Spinat, Erbsen, Linsen, Bohnen, Fisolen, Champignons, Steinpilze, Brennessel, Avocado, Melanzani (Auberginen), Sauerkraut

3. Alle eingelegten Gemüse und Salate (Essig!), außer solche, die in Weingeistessig eingelegt sind.

4. Birnen, Kiwis, Orangen, Bananen, Ananas, Himbeeren, Erdbeeren, Grapefruits, Zitrusfrüchte, Papayas, rote Pflaumen

5. Käse, insbesondere Emmentaler, Camembert, Roquefort, Parmesan, Bergkäse, alle Rohmilchkäse! (NUR Frischkäse und Frischkäseprodukte sind erlaubt.)

6. Schokolade, Kakao

7. Nüsse, insbesondere Walnüsse und Cashewnüsse

8. Fisch mit dunklem Muskelfleisch, wie Makrele, Sardine, Sardelle, Heringe, Thunfisch; weiters Russen, Rollmops, Matjeshering, Bismarckhering, Schillerlocke

9. Essig!

10. Rohwüste, Rohschinken (z.B. Prosciutto, Westfäler, Kantwurst, Salami, Landjäger, Parmaschinken, Osso collo, Bündner Fleisch, Hamburger Speck, Tiroler Speck). Grundsätzlich keine geräucherte, gepökelte oder gesalzene Wurstware!

11. Zusatzstoffe in Nahrungsmitteln, wie z.B. Glutamat, Benzoate, Farbstoffe, Sulfite, Nitrit.

12. Lang gereifte Weine, lang gegärte Biere, Rotwein, Champagner, Sekt, Weizenbiere. (Hinweis: Es gibt bereits einen histaminfreien Sekt am Markt!)

MERKE

DIE WICHTIGSTEN LEBENSMITTEL, DIE ES ZU VERMEIDEN GILT:

1. Hefe
2. Tomaten
3. Essig
4. Weizen
5. Schokolade / Kakao
6. Walnüsse
7. Zitrusfrüchte
8. Zusatzstoffe

Konserven sollten strikt vermieden werden! In Reformkostläden gibt es mittlerweile auch Hülsenfrüchte in Gläsern ohne Konservierungsstoffe. Solche Rote Bohnen zum Beispiel, die als Hülsenfrüchte ja auf der verbotenen Liste stehen, werden ab und zu meist gut vertragen, wenn sonst wieder auf die richtige Diät geachtet wird.

MERKE

Wenn schon „Verbotenes", dann nur aus Gläsern und nie aus Konserven!

Alle Reste von frisch gekochten Fleischspeisen sollten sofort im **Kühlschrank** gelagert werden. Ob nach wiederholtem Aufwärmen HIT-Beschwerden ausgelöst werden, muss beobachtet werden. Meist werden sie – im Gegensatz zur früher erwähnten Käsesauce – gut vertragen.

Es ist zu beobachten, dass in Reformhäusern die **hefefreien Produkte** im Vormarsch sind. Es kann daher angenommen werden, dass die Nachfrage danach steigt. Daher sollte immer wieder bei neuen Produkten überprüft werden, ob sich nicht die Zutatenliste geändert hat und sie nun zur histaminfreien Diät gezählt werden können. Es kommt immer öfter vor, dass Hefe zunehmend durch Weinsteinbackpulver oder durch Lauge ersetzt wird, z.B. in Dinkelbackerbsen, Dinkelsalzstangen.

Andererseits müssen aber auch ab und zu die gewohnten Nahrungsmittel hinsichtlich der Zutaten kontrolliert werden. Es könnten sich ja auch in Richtung Histamin Veränderungen ergeben!

GRUNDSÄTZLICHES

1. Histamin wird nicht durch Erhitzen zerstört.
2. Stets frische Lebensmittel verwenden.
3. Je länger ein Lebensmittel gelagert oder gereift ist, desto höher ist sein Gehalt an Histamin und anderen biogenen Aminen.
4. Leicht verderbliche Gerichte wie Fisch oder Spinat kein zweites Mal aufwärmen, da sich die bakterielle Aktivität nach dem ersten Zubereiten sehr stark entfaltet und der Histamingehalt deutlich ansteigt.

Nahrungsmittel-Austauschtabelle

Nicht gegessen werden sollten:	Stattdessen kann verwendet werden:
Weizenmehl	Dinkelmehl oder Dinkelvollkornmehl Bei Kuchen, die hell sind, wie z.B. Biskuit, Pfannkuchen und dergleichen, sollten Sie kein Dinkelvollkornmehl verwenden, sonst verliert sich die helle Farbe.
Essig	Weingeistessig
Tomatenmark	Mischung aus Kartoffeln und Karotten (siehe Rezeptteil) oder Paprikamus
Hefehältige, glutamathältige Speisewürze / Suppenwürfel bzw. solche mit Konservierungsstoffen	Hefefreie, glutamatfreie Suppenwürze
Panier aus Semmelbröseln	Panier mit hefefreien Dinkelbröseln
Semmelknödeln, Kartoffel-Fertigprodukte, andere Fertigprodukte wie Gemüselaibchen etc.	Kartoffeln, Reis, Mais, Dinkel und Dinkelnudeln, Quinoa, Amaranth, Haferflocken
Kuchen aus Schokolade, Kakao, Nüssen	Mandeln, Mohn, Kokos und Kastanienreis verwenden
Kakao	Carob (Johannisbrotkernmehl, E 410) kann als Kakaoersatz verwendet werden
Rohmilchprodukte und alte, gereifte Käse	Frischkäse, Buttermilch, Rahm, Topfen (Quark), Cottage Cheese, Milch, Joghurts mit den auf S. 48 angeführten Früchten, Mozzarella
Schweinefleisch	Pute, Rind, Huhn, ...
Orangen, Zitronen, Kiwis, Bananen, Ananas, Birnen, Himbeeren,	Äpfel, Heidelbeeren (Blaubeeren), Kirschen, Johannisbeeren, Ribisel, Marillen (Aprikosen),

Nicht gegessen werden sollten:	Stattdessen kann verwendet werden:
Erdbeeren, Grapefruits, Papayas, rote Pflaumen	Zwetschken, Nektarinen, Pfirsiche, Melonen, Mangos, Litchis, Khakis, Rhabarber
Tomaten (Ketchup!), Spinat, Erbsen, Linsen, Bohnen, Fisolen, Champignons, Steinpilze, Brennessel, Avocado, Melanzani (Auberginen), Sauerkraut	Karotten, Zucchini, Brokkoli, Karfiol, Kohl, Rote Rübe (Rote Beete), Kürbis, Zwiebeln, Radieschen, Gurke, Lauch, Mais, Spargel, Paprika
Aufgewärmter oder auf Wärmeplatte gelagerter Fisch, Fisch mit dunklem Muskelfleisch, gesalzener und geräucherter Fisch	Tiefgekühlter, weißer Fisch wird meist recht gut vertragen, wie z.B: Petersfisch, Dorsch, Zander, Seezunge etc.
Konserven	Im Glas eingelegt
Rohschinken, Rohwürste, Dauerwurst	Putenschinken, Toastschinken, Pressschinken
Hefebackwaren	Backwaren aus Sauerteig, Laugengebäck (Achtung ist meist auch mit Hefe versehen!), z.B. Roggenbrot aus Sauerteig
Sojasauce	Tamari (auf Zutaten achten: nur Sojabohnen, Wasser, Salz, kein Weizen)
Fertige Aufstriche	Selbstgemachte Aufstriche aus Topfen, Joghurt, Mayonnaise (siehe Rezeptteil), eignen sich gut zum Einfrieren (portionsweise).
Fertiggerichte	Frisch gekochte Speisen, portionsweise auch einfrieren!
Margarine und andere industriell hergestellte Produkte	Butter
Hefeextrakt	Gewürze, Kräuter verwenden
In Essig eingelegtes Gemüse	In Weingeistessig Eingelegtes
Künstliche Geliermittel	Natürliche Gelier- und Verdickungsmittel, wie z.B. Agar-Agar (E 406), Johannisbrotkernmehl (Carob) (E 410) oder Guakernmehl (E 412)

Rezepte

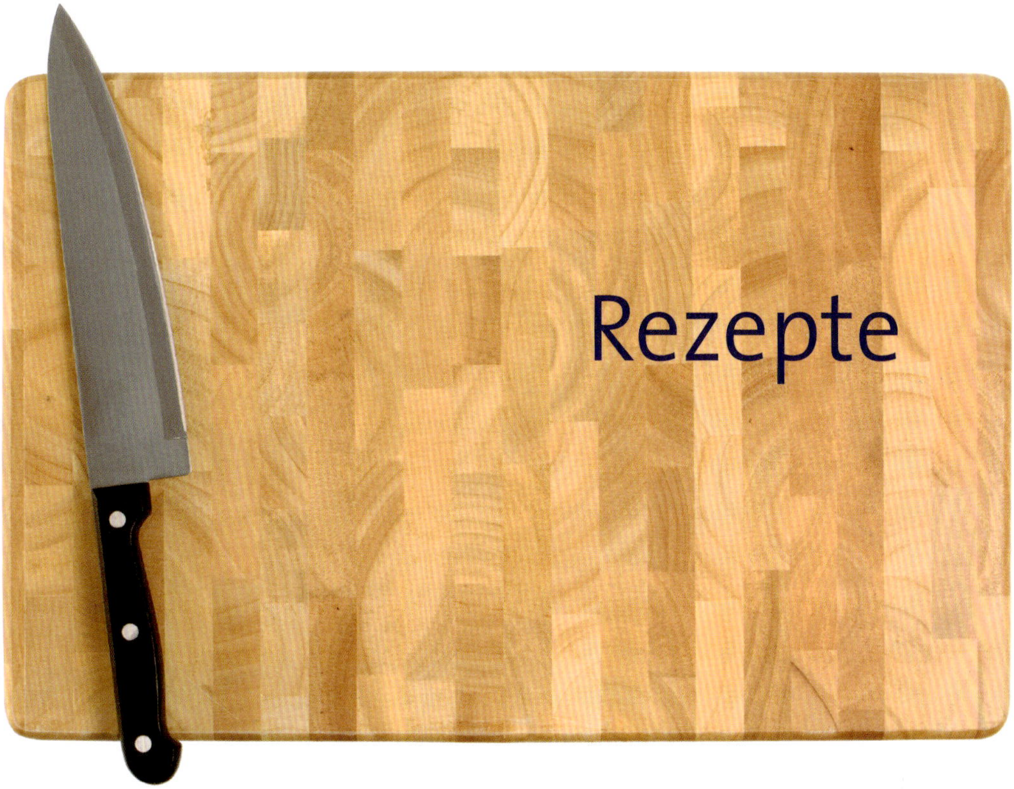

Basis-Kochinformation

Es ist ein absolutes **Muss** bei Histaminintoleranz, **frisch zu kochen!** Daher sollte jeder Betroffene Rezepte für schnell zubereitete Speisen, die seinen Vorlieben entsprechen, zur Hand haben.

Fertiggerichte aus dem Supermarkt sind meist nicht HIT-tauglich, da sie fast immer zumindestens Hefe oder Hefeextrakt, künstliche Zusatzstoffe und andere histaminhältige Zutaten enthalten. Es gibt bereits einige Fertiggerichte in Reformhäusern, dennoch ist es am besten, sich mit **frisch Gekochtem** zu ernähren.

Viele Rezepte sind sehr einfach gehalten, haben eine kurze Zubereitungszeit und können sehr leicht nachgekocht werden.

Der Einfachheit halber sind die Suppen immer mit Wasser und Suppenwürfel angegeben. Selbstverständlich können Sie auch eine echte Rindssuppe (Rezept Seite 56) zubereiten, was natürlich zeitaufwändiger ist.

Gerade bei dem, was Sie täglich verzehren, sollten Sie genauestens die Zutaten prüfen. Wenn die meisten Speisen, die Sie essen, histaminfrei bzw. histaminarm sind, werden Sie immer auch wieder „Verbotenes" in geringen Mengen zu sich nehmen können, ohne große Beschwerden zu bekommen. Es empfiehlt sich für jeden Betroffenen, seine Vorlieben zu überdenken und festzustellen, in welchen Bereichen es schwerfällt, eine Histamindiät einzuhalten und bei welchen Speisen es ganz leicht ist.

Histamindiät-Fehler am Morgen eines Tages, an dem Sie leistungsfähig sein sollen, können nicht empfohlen werden. Dies gilt insbesondere für Prüfungstage bei HIT-Kindern. Wenn Sie allerdings am Abend in geringen Maßen „sündigen", hat Ihr Körper über Nacht Zeit sich zu regenerieren.

Für untertags empfiehlt es sich, kleine Snacks, Salate etc. für unterwegs (Arbeitsplatz, Schule, Kindergarten) mitzunehmen. Sind Sie z.B. zu einem Essen eingeladen, wo Sie nicht wissen, was Sie erwartet, so empfiehlt es sich, für den restlichen Tag eine strenge Diät einzuhalten, nicht mit leerem Magen zu erscheinen und Basics wie z.B. Reiswaffeln, Kekse, Salzgebäck mitzunehmen.

Anmerkungen zu den Suppen

ZUM KAUFEN GIBT ES UNTER ANDEREM FOLGENDE SUPPENEINLAGEN:

- Dinkelsternchen
- Dinkelbuchstaben
- Dinkelsuppennudeln
- Hirsebällchen
- Backerbsen ohne Hefe

Mit diesen Suppeneinlagen, Wasser und einem Suppenwürfel können Sie binnen weniger Minuten eine köstliche Suppe zaubern, die Ihrem Ernährungsplan entspricht. Ganz rasch wird auch eine Eistich-Suppe zubereitet. Der Suppenwürfel sollte unbedingt mit äußerster Sorgfalt ausgewählt werden: Lesen Sie von den verschiedenen Erzeugern die Zutatenliste ganz genau, wahrscheinlich finden Sie keinen im Supermarkt, allerdings mehrere Sorten im Reformhaus. Diese Suppenwürze sollte unbedingt frei von Hefe, Glutamat, Weizen und Tomaten sein.

SELBST GEMACHTE SUPPENEINLAGEN, DIE SICH GUT ZUM PORTIONSWEISEN EINFRIEREN EIGNEN SIND:

- Fritatten
- Grießnockerln
- Dinkelknöderln

Selbstverständlich schmecken alle erwähnten Suppeneinlagen in allen im Rezeptteil angeführten Variationen von Gemüsesuppen ausgezeichnet.

Anmerkungen zu den Hauptgerichten

Zwiebel und Knoblauch: Die Rezepte sind meist ohne Zwiebel und Knoblauch verfasst, da Personen mit Histaminunverträglichkeit leicht zu unangenehmen Blähungen neigen können. Diese werden durch Zwiebel und Knoblauch verstärkt. Sollten Sie diesbezüglich keine Probleme haben, können Sie selbstverständlich diese beiden histaminfreien Nahrungsmittel in Ihren Ernährungsplan aufnehmen. Die meisten Hauptgerichte können durch das anfängliche Anbraten einer klein geschnittenen Zwiebel ergänzt werden, bei einigen wird auch eine zerdrückte Knoblauchzehe das Gericht würzen.

Anmerkungen zu allen im Kühlschrank aufbewahrten Nahrungsmitteln

Alles immer erst **kurz vor dem Verzehr** bzw. **kurz vor dem Kochen** aus dem Kühlschrank nehmen! Alle Milch- und Fleischprodukte enthalten zumindest geringe Mengen an Histamin, der Histamingehalt steigt bei Zimmertemperatur rasch an! Jausenbrote mit Käse oder Wurst/Schinken sollten daher immer kühl gelagert werden bzw. wenn möglich erst kurz vor dem Verzehr zubereitet werden.

Beim Einkauf aller Kühlprodukte auf **ein möglichst langes Haltbarkeitsdatum** achten! Ein Joghurt hält sich meist bis zu drei Wochen. Kaufen Sie nun eines, das noch so lange haltbar ist, und verzehren es, so hat Ihr Joghurt einen geringeren Histamingehalt als eines, dessen Ablaufdatum der Folgetag ist. Der Grund liegt darin, dass – auch bei richtiger Lagerung im Kühlschrank – der Histamingehalt täglich steigt.

Insbesondere bei Fleisch- und Wurstprodukten sollte auf die Frische geachtet werden. Fleisch, das stellenweise bräunlich verfärbt ist oder einen unangenehmen Geruch aufweist, sollte keinesfalls – auch bei noch keinem überschrittenen Haltbarkeitsdatum – verzehrt werden! **Grillfleisch** sollte am besten selbst mariniert werden, denn es werden meist auch Hefe und andere Zusatzstoffe sowie Tomatenmark beim Würzen verwendet. Außerdem sehen Sie nicht das Fleisch im Rohzustand (Blickprüfung!). Das Fleisch kann zuhause selbst sehr einfach mariniert werden: Am Abend vor dem Grillen das Fleisch mit Senf bestreichen und in eine Mischung aus Olivenöl, Rapsöl, zerdrückte Knoblauchzehen, rotes Paprikapulver, Salz und Pfeffer legen.

Anmerkungen zu den Getränken

FRUCHTSÄFTE:

- Apfelsaft
- Cranberry-Saft (sieht mit Wasser verdünnt wie der beliebte Himbeersaft aus)
- Kirschsaft (sieht auch wie Himbeersaft aus)
- Karottensaft
- Apfel-Karottensaft
- Holunderblütensaft
- Mangosaft
- Pfirsichsaft

Am besten sind Wasser, Mineralwasser und Fruchtsäfte. Fruchtsirup wird meist mit Zitronensäure haltbar gemacht. Trinken Sie bzw. Ihr HIT-Kind täglich solch einen Saft aus Sirup, so führen Sie sich bzw. Ihrem Kind täglich Histamin zu, das nicht notwendig ist. Verdünnen Sie Fruchtsäfte mit Wasser, so wird es ein erfrischendes, histaminfreies Getränk!

Kein Birnen- oder Himbeersaft, keine Orangen, Kiwis, Erdbeeren etc! Siehe dazu Seite 45.

Anmerkungen zu Brot und Gebäck

Empfehlenswert ist der Verzehr von **hefe- und weizenfreien Produkten!** Hefe ist allerdings in nahezu allen Brot- und Gebäcksorten im Supermarkt enthalten. Da Brot zu den Grundnahrungsmittel zählt, sollten Sie hier besondere Sorgfalt walten lassen, da es gut schmeckende, HIT-entsprechende Brotsorten gibt, die Ihren Histaminspiegel nicht ansteigen lassen. Fragen Sie bei Ihrem Bäcker und/ oder in Reformhäusern nach.

Brot und Gebäck kann sehr gut am Tag des Kaufs eingefroren werden und über Nacht aufgetaut werden. (Notfalls kann Brot auch in der Mikrowelle in 20 – 25 Minuten aufgetaut werden.) Sie können es daher gut auf Vorrat halten.

GREIFEN SIE ZU FOLGENDEN PRODUKTEN:

- Roggen-Sauerteigbrot
- Dinkel-Sauerteigbrot
- Sämtliche Varianten, die keine Hefe und Weizen enthalten, sondern mit Sauerteig hergestellt wurden.

Weiters sind histaminfrei:

- Reiswaffeln
- Maiswaffeln
- Knäckebrot aus Roggen und ohne Hefe

Diese Produkte sind lange haltbar, können daher immer als Brotersatz verwendet werden. Griffbereit am Arbeitsplatz, im täglichen Rucksack bzw. in der Brotlade zuhause haben!

Anmerkungen zum Dinkelmehl

Sie können jede Art von Dinkelmehl verwenden. Zu beachten ist nur, dass das Vollkorn-Dinkelmehl die Gerichte gräulich macht, also bei z.B. Pfannkuchen oder bei einer Biskuitroulade die Speise nicht gelb, sondern gräulich erscheint. Da dies nicht jedermanns Sache ist, ist es am unkompliziertesten, wenn normales Dinkelmehl verwendet wird. Dinkelmehl ist vielseitig verwendbar. Sie können grundsätzlich in jedem herkömmlichen Rezept das Weizenmehl durch Dinkelmehl ersetzen und die Speise wird gelingen.

Anmerkungen zu Faschiertem (Hackfleisch)

Am besten sollte **reines Rindfleischfaschiertes (Rinderhack)** verwendet werden, da Rindfleisch deutlich weniger Histamin enthält als Schweinefleisch. Da Faschiertes eine große Oberfläche aufweist, steigt der Histamingehalt an der Luft sehr rasch an. Es sollte daher bis zur Verwendung im Kühlschrank verpackt gelagert werden. Das gesamte Faschierte sollte am Tag des Einkaufes gebraten werden. Wird nicht das gesamte Fleisch zum Kochen verwendet, so kann es sofort eingefroren werden.

Anmerkungen zur Aufbewahrung von Speiseresten

Übrig gebliebene Speisereste sollten sofort nach dem Essen in geeigneten, verschlossenen Behältern in den Kühlschrank gegeben werden. HIT-Personen sollten womöglich keine aufgewärmten Speisereste verzehren.

Anmerkungen zum Essig

Es sollte **nur Weingeistessig** verwendet werden. Weingeistessig ist ein Industrieessig, der aus Getreide hergestellt wird und somit keinen Reifeprozess aus Äpfeln (Apfelessig) oder Rotwein (Rotweinessig) durchmacht und daher kein Histamin aufweist.

Anmerkungen zum Senf

Prüfen Sie sämtliche Produkte, Sie werden sicherlich einen HIT-tauglichen Senf finden. Besonders wichtig ist, dass nur Weingeistessig und jedenfalls keine Hefe enthalten ist. Dies ist z.B. bei einem Estragon-Senf aus Wasser, Senfsaat, Weingeistessig, Zucker, Salz, Gewürzen und dem Hinweis, dass keine Konservierungsstoffe zugesetzt wurden, der Fall.

MERKE

Sie erleiden keine Geschmackseinbuße, wenn Sie auf die Zutaten der Küchenbasics genauestens achten. Dazu zählen Suppenwürze, Senf, Essig und dergleichen. Ganz im Gegenteil: Wenn Sie die immer verwendeten Zutaten genauestens prüfen und nur histaminfreie bzw. –arme verwenden, gewinnen Sie deutlich an Lebensqualität, da Sie Ihr Essen genießen können, ohne danach Beschwerden zu bekommen.

Anmerkungen zum Anbraten

Es sollte immer zuerst die leere Pfanne erhitzt werden, erst dann das Olivenöl und sofort die Nahrungsmittel gegeben werden. Wird das Olivenöl in einer kalten Pfanne erhitzt, so würden wertvolle Inhaltsstoffe verlorengehen.

Anmerkungen zum Eindicken von Saucen und Suppen

Man nehme 250 g Sauerrahm (saure Sahne), gebe die Hälfte in die nicht mehr kochende (!) Suppe/Sauce und verrühre den restlichen Sauerrahm und 2 Esslöffel Dinkelmehl mit Hilfe einer Gabel zu einer geschmeidigen Creme. Diese gibt man zur Suppe/Sauce und kocht dies unter ständigem Rühren – am besten mit einem Schneebesen – auf. Ständiges Rühren ist unbedingt nötig, das sich sonst Klümpchen bilden.

Anmerkungen zu Nudeln

In einem normalen Supermarkt werden viele Weizen-Dinkel-Nudeln als „Dinkelnudeln" bezeichnet. Diese sind nicht zu empfehlen. HIT-tauglich sind reine Dinkelnudeln, die Sie kaum teurer in Reformkostläden und Drogeriemärkten erhalten können.

VORSCHLÄGE FÜR EIN FRÜHSTÜCK

- Reiswaffel mit Frischkäse
- Butterbrot mit Marillen-marmelade
- Brot mit Schinken
- Vanillejoghurt mit Dinkelflakes
- Joghurt mit frischen Früchten
- Joghurt mit Dinkelpops
- Joghurt mit Dinkelringli
- Schinken-Eier-Käse-Pfanne
- Spiegelei
- Eier-Käse-Pfanne
- gekochtes Ei

VORSCHLÄGE FÜR EINE KALTE JAUSE

- Schafkäse mit Gurken und Kernöl
- Zuckermelone mit Bauern-schinken
- Nudelsalat
- Schinkenrollen
- Knabbern: Kürbiskerne, Pistazien, Kartoffelchips (nur aus Kartoffeln und Öl), Dinkelsalzstangen ohne Hefe

Gemüsesuppe

1 Brokkoli
1/2 kg Karotten
1 l Wasser
Suppenwürze

In einem Topf 1 l Wasser zum Kochen bringen und die Brokkoliröschen sowie die klein geschnittenen geschälten Karotten beimengen. Die Suppe ca. 15 Minuten kochen lassen.

Tipp: *Dazu passen verschiedene Suppeneinlagen, z. B. Grießnockerln.*

Rindsuppe

2 Rindfleischknochen
1 l Wasser
2 Karotten
1/2 Knolle Sellerie
Olivenöl
Petersilie

Die Knochen in einem heißen Topf mit Olivenöl kurz anbraten und mit 1 l Wasser aufgießen. Das geschälte Gemüse hinzufügen und mindestens 30 Minuten kochen lassen.

Vorschläge für die Suppeneinlage:
Frittaten
Grießnockerln
Eistich (siehe Seite 62)
Hirsebällchen
Backerbsen ohne Hefe
Dinkel-Suppennudeln
Dinkel-Suppenbuchstaben

Kartoffel-Lauch-Suppe

1 Stange Lauch (Porree)
500 g Kartoffeln
Olivenöl
3/4 l Wasser
1 Suppenwürfel
100 g Sauerrahm (saure Sahne)
150 g Dinkelbrotwürfel
(kleine Würfel aus einem alten Brot schneiden)

Den Lauch waschen und in kleine Stücke schneiden. Die Kartoffeln schälen und ebenfalls in kleine Stücke schneiden.

In einem heißen Topf den Lauch in 3 EL Olivenöl kurz rösten, das Gemüse zugeben und mit 3/4 l Wasser aufgießen. Die Suppenwürze beimengen und ca. 15 Minuten kochen lassen.

Die Dinkelbrotwürfel in einer Pfanne mit Olivenöl anrösten.

Danach die Suppe mit einem Pürierstab pürieren, den Sauerrahm einrühren und mit gerösteten Dinkelbrotwürfeln servieren.

Karfiolcremesuppe

1 Karfiol (Blumenkohl)
1 l Wasser
2 Kartoffeln
1 Karotte
250 g Sauerrahm (saure Sahne)
3 EL Dinkelmehl
gemahlener Kümmel
Suppenwürze
Petersilie

In einem Topf 1 l Wasser mit der Suppenwürze zum Kochen bringen, die Karfiolröschen mit dem geschälten und geschnittenen Gemüse einlegen und auf kleiner Flamme zugedeckt ca. 15 Minuten kochen lassen.

Wenn das Gemüse weichgekocht ist, die Suppe vom Herd nehmen, mit einem Pürierstab pürieren und den halben Sauerrahm hinzugeben.
Den restlichen Sauerrahm mit dem Dinkelmehl cremig verrühren und zur Suppe geben. Die Suppe unter ständigem Rühren aufkochen und mit dem gemahlenen Kümmel und gehackter Petersilie abschmecken.

Hühnersuppe

2 Hühnerbrüste mit Haut
Olivenöl
1,5 l Wasser
500 g Karotten
250 g Kartoffeln
1/2 Knolle Sellerie
2 Suppenwürfel
Majoran
Salz

Die Hühnerbrüste in einem Topf mit heißem Olivenöl beidseitig anbraten und mit 1,5 l Wasser aufgießen. Die Suppenwürze beigeben und das geschälte, kleingeschnittene Gemüse dazu geben. Mit Majoran und einer Prise Salz würzen.

Die Suppe sollte 1 bis 2 Stunden leicht kochen.

Am Ende der Kochzeit das Fleisch herausnehmen, die Haut weggeben, das Fleisch in kleine Stücke schneiden und wieder in die Suppe legen.

Tipp: *Diese Suppe ist durch das lange Kochen und durch die Auswahl der Zutaten sehr energiereich und hilft Kranken beim Gesundwerden!*

Kürbiscremesuppe

1 Hokaido-Kürbis
Olivenöl
2 große Kartoffeln
1 l Wasser
Suppenwürze
geröstete Kürbiskerne
Dille
250 g Sauerrahm (saure Sahne)
Dinkelmehl

Den Kürbis schälen und in Stücke schneiden. In einen heißen Topf 3 EL Olivenöl geben und den Kürbis hinzufügen. Kurz anbraten und mit 1 l Wasser aufgießen. Die Suppenwürze hinzufügen und zum Kochen bringen. Die geschälten, geschnittenen Kartoffeln beimengen, ca. 15 Minuten kochen lassen.

Mit einem Pürierstab die Suppe fein pürieren, vom Herd nehmen und in die nicht kochende Suppe die halbe Menge Sauerrahm geben. Im restlichen Sauerrahm 3 EL Dinkelmehl cremig einrühren und in die Suppe geben. Unter ständigem Rühren nochmals aufkochen, kochen lassen, bis die Suppe eindickt. Falls sie zu dick geraten ist, etwas Wasser (und Suppenwürze) beimengen. Am Ende der Kochzeit gehackte Dille hinzufügen.

Die Suppe im Teller mit gerösteten Kürbiskernen bestreuen.

Eistichsuppe

1 l Wasser
1 Suppenwürfel
(oder eine richtige Rindsuppe zubereiten, siehe Seite 56)
1 Ei
1 EL Milch
1 EL Dinkelmehl
Salz
Kräuter

Das Ei mit der Milch und dem Dinkelmehl gut verquirlen, unter ständigem Rühren in die kochende Suppe leeren und kurz aufkochen lassen.

Brokkolisuppe

1 Brokkoli
3/4 l Wasser
1 Suppenwürfel

Wasser zum Kochen bringen und den Suppenwürfel hinzufügen. Große Brokkolistücke einlegen und zugedeckt ca. 10 Minuten kochen lassen. Danach mit dem Pürierstab pürieren.

Die Suppe kann mit Sauerrahm-Dinkelmehl (siehe Seite 54) verfeinert werden.

Karotten-Sellerie-Fenchel-Suppe

500 g Karotten
1/2 Knolle Sellerie
250 g Kartoffeln
1 Fenchel
1 l Wasser
3 EL Olivenöl
Suppenwürze
Kräuter

Das geschälte und geschnittene Gemüse in einem heißen Topf mit Olivenöl kurz anbraten und mit 1 l Wasser aufgießen. Die Suppenwürze zugeben und zugedeckt auf kleiner Flamme ca. 15 Minuten kochen lassen.

Die Suppe mit einem Pürierstab pürieren und mit den Kräutern abschmecken.

Karottensuppe

1 kg Karotten
1 l Wasser
1 Suppenwürfel
Olivenöl

Karotten schälen und in grobe Stücke schneiden. Einen Topf erhitzen, Olivenöl dazugeben und sofort die Karotten beigeben. Kurz anbraten und mit Wasser aufgießen, umrühren. Den Suppenwürfel hinzufügen und ca. 15 Min weichkochen lassen.

Die Suppe mit dem Pürierstab pürieren, mit Petersilie garniert anrichten.

Kartoffelsalat mit Kürbiskernöl

1 kg Kartoffeln
Weingeistessig
Senf (beim Kauf darauf achten, dass nur Weingeistessig enthalten ist, kein anderer Essig!)
Kürbiskernöl oder Rapsöl

Die in Salzwasser gekochten Kartoffeln kurz mit kaltem Wasser abspülen, schälen und auskühlen lassen. Danach die Kartoffel in dünne Scheiben schneiden.

Für die Marinade einige EL Wasser und 1 EL Weingeistessig nehmen und mit 1 TL Senf gut verrühren. Über die Kartoffel gießen und je nach Belieben mit Kernöl oder Rapsöl abschmecken.

Mayonnaise-Kartoffelsalat

1 kg Kartoffeln
Weingeistessig
Senf (beim Kauf darauf achten, dass nur Weingeistessig enthalten ist, kein anderer Essig!)
50 g Mayonnaise (beim Kauf darauf achten, dass keine Hefe und kein anderer Essig als Weingeistessig enthalten ist)
250 g Sauerrahm (saure Sahne)
250 g Naturjoghurt

Die in Salzwasser gekochten Kartoffeln kurz mit kaltem Wasser abspülen, schälen und auskühlen lassen. Danach die Kartoffel in dünne Scheiben schneiden.

Für die Marinade den Sauerrahm, das Naturjoghurt und die Mayonnaise cremig verrühren, mit einem Spritzer Senf abschmecken. Über die Kartoffel gießen und sofort servieren. (Bei längerem Stehenlassen saugen die Kartoffel die Marinade auf und der Salat wird trockener.)

Paprika-Gurken-Salat

2 gelbe Paprika
2 rote Paprika
1 Gurke
125 g Mayonnaise
2 EL Weingeistessig
1 TL Kristallzucker
Salz

Die Paprika waschen und fein schneiden. Die Gurke in kleine Würfel schneiden.

Für die Marinade die Mayonnaise, den Weingeistessig, den Zucker und das Salz vermischen und über den Salat gießen.

Gurken-Joghurt-Salat

2 Gurken
125 g Sauerrahm (saure Sahne)
250 g Naturjoghurt
Senf
Dille

Die Gurken mit dem Gurkenschneider schneiden.

In einer Salatschüssel den Sauerrahm, das Joghurt und den Senf cremig rühren, Dille hinzufügen und die Gurken beimengen.

Mit Salz und Pfeffer abschmecken.

Reis-Rucola-Karotten-Salat

2 Handvoll Rucola
750 g Karotten
1 Handvoll gekochter Reis
Kürbiskernöl
Basilikum

Rucola waschen und in kleine Stücke zupfen. In Gemüsebrühe (Suppenwürfel) gekochte, klein geschnittene Karotten nach dem Erkalten untermengen, den Reis unterheben und mit Kernöl und Basilikum abschmecken.

Grüner Salat

1 Kopfsalat (oder Eisbergsalat)
Weingeistessig
Olivenöl
Senf
Kräuter

Den Salat waschen, kleinschneiden und in eine Salatschüssel geben.

Für die Marinade 1 EL Weingeistessig mit 3 EL Wasser und einem Schuss Senf verrühren, 1 EL Olivenöl zugeben und mit Kräutern abschmecken.

Kurz vor dem Servieren die Marinade über den Salat gießen.

Tipp: *Geben Sie Gemüse dazu, das Sie gut vertragen.*

Gemüse-Risotto

100 g Risottoreis
5 Karotten
1 gelber Paprika
1/2 Brokkoli
1 roter Paprika
Olivenöl
ca. 1 l Wasser
1 Suppenwürfel
50 g geriebener Mozzarella
10 g Butter

In einer großen Pfanne den Risottoreis in Olivenöl glasig dünsten.

Die Karotten schälen und klein schneiden sowie die Paprika waschen und in Längsstreifen schneiden. Das Gemüse sowie die Brokkoliröschen in die Pfanne geben, kurz mitbraten und dann mit 1/4 l Wasser ablöschen. Den Suppenwürfel dazugeben und leicht kochen lassen. Wenn die Flüssigkeit verdampft ist, wieder mit 1/4 l Wasser aufgießen. Bis der Risottoreis gar ist, muss dieser Vorgang noch zweimal wiederholt werden.

Das Risotto wird umso cremiger, je mehr gerührt wird, am besten die gesamte Kochzeit (ca. 14 – 16 Minuten).

Kurz vor Ende der Garzeit die Butter und den Mozzarella einrühren.

Karfiol-Schinken-Gratin

1 Karfiol (Blumenkohl)
200 g Schinken
250 g Sauerrahm (saure Sahne)
2 Eier
Salz, Pfeffer
Kräuter
150 g geriebener Mozzarella

Den Backofen auf 180 Grad vorheizen.

Karfiol in kochendem Salzwasser bissfest kochen und mit kaltem Wasser kurz abschrecken.

Den Schinken in kleine Würfel schneiden. Den Sauerrahm mit den Eiern verrühren, salzen, pfeffern und mit Kräutern abschmecken.

In eine feuerfeste, mit Backpapier ausgekleidete Form den Karfiol geben, den Schinken darüberstreuen und die Rahm-Eier-Mischung darübergießen.

Mit dem Käse bestreuen und bei 180 Grad 20 bis 25 Minuten überbacken.

Dazu passt Grüner Salat oder ein anderer Salat.

Tipp: *Dieses Gratin lässt sich auch gut mit Brokkoli zubereiten.*

Gemüse-Rindfleisch-Pfanne mit Reis

500 g Rinderfaschiertes (Hack)
3 EL Olivenöl
Salz
Pfeffer
1 Brokkoli
750 g Karotten
1 gelber Paprika
2 Suppenwürfel
3/4 l Wasser
Kräuter
250 g Sauerrahm (saure Sahne)
3 EL Dinkelmehl
2 Tassen Langkornreis

Für den Reis die doppelte Menge Wasser zum Kochen bringen, salzen und den Reis hineingeben. Zugedeckt auf kleiner Flamme solange kochen, bis das Wasser aufgesogen ist.

Das Faschierte in einer heißen Pfanne in Olivenöl anbraten, mit Wasser aufgießen und mit Salz, Pfeffer und den Suppenwürfeln würzen.

Die geschälten, kleingeschnittenen Karotten, den in Streifen geschnittenen Paprika und die Brokkoliröschen dazugeben und 5 bis 10 Minuten zugedeckt leicht kochen lassen.

Die Pfanne vom Herd nehmen, den halben Sauerrahm in die nicht mehr kochende Sauce geben, den restlichen Sauerrahm mit dem Dinkelmehl cremig rühren und in der Sauce verrühren. Unter ständigem Rühren kochen lassen, bis die Sauce eindickt.

Vor dem Servieren mit Kräutern abschmecken.

In der Mitte des Tellers einen Gupf gekochten Langkornreis setzen, mit Petersilie garnieren und um den Reis die Fleisch-Gemüse-Sauce verteilen.

Pizza vom Backblech mit Pesto und Schinken

Teig:
75 g Butter
150 g Dinkelmehl
250 ml Milch
4 Eier
Salz

Pizzabelag:
250 g Putenschinken
250 g Maiskörner (aus dem Glas, keine Konservendose!)
250 g geriebener Mozzarella

Basilikumpesto:
Basilikum
Olivenöl
Sonnenblumenöl
Kartoffelflocken
Salz
ev. gehackte Pinienkerne

Backofen auf 220 Grad vorheizen.

Für das Pesto Kräuter kleinhacken und in 50 g Olivenöl mit einem Schuss Sonnenblumenöl verrühren. Kartoffelflocken je nach gewünschter Konsistenz einrühren, salzen. Nach Belieben gehackte Pinienkerne dazugeben.

Für den Teig Milch mit Butter und einer Prise Salz in einem großen Topf aufkochen. Das Mehl unter Rühren in die Milch einrieseln lassen und den Topf vom Herd nehmen. So lange weiterrühren, bis sich der Teig vom Topf löst. 1 Ei einrühren. Dann den Teig in eine Schüssel geben und die restlichen 3 Eier mit einem Handmixgerät einrühren. Solange rühren, bis der Teig glänzt!

Den Teig auf ein mit Backpapier belegtes Backblech steichen und mit Basilikumpesto, Schinken und Mais belegen und zuletzt den Mozzarella darüberstreuen.

Bei 200 – 220 Grad für 10 – 15 Minuten backen.

Tipp: *Das Pesto eignet sich gut zum Einfrieren bzw. ist auch im Kühlschrank einige Tage haltbar. Da keine histaminhältigen Zutaten verwendet werden, kann das Pesto auch nach einigen Tagen von HIT-Personen verzehrt werden.*

Dinkelspaghetti mit Käsesauce

300 g Dinkelspaghetti
1,75 l Wasser
Salz
Olivenöl
125 g Gorgonzola (oder Österkron)
1 Suppenwürfel
250 g Sauerrahm (saure Sahne)
3 EL Dinkelmehl

Einen großen Topf mit 1,5 l Wasser, 1 TL Salz und 3 EL Olivenöl zum Kochen bringen und darin die Spaghetti 3 bis 5 Minuten al dente kochen.

Für die Käsesauce 250 ml Wasser mit dem Suppenwürfel aufkochen, den Käse kleingeschnitten hinzufügen und unter Rühren kochen lassen, bis der Käse ganz geschmolzen ist. Topf von der heißen Kochplatte nehmen und in die nicht mehr kochende Sauce 125 g Sauerrahm geben. In den restlichen Sauerrahm das Dinkelmehl gut einrühren, bis eine glatte Masse entsteht. Diese Sauerrahm-Dinkelmehl-Mischung zur Käsesauce geben und unter ständigem Rühren mit einem Schneebesen zum Kochen bringen. Kurz kochen lassen, bis die Sauce eindickt.

Tipp: *Diese Käsesauce bitte unbedingt sofort verzehren. Eventuelle Reste sollten nicht mehr von HIT-Personen gegessen werden, da sich das Histamin sowohl bei Zimmertemperatur als auch im Kühlschrank vermehrt.*

Kräuter-Ravioli aus Nudelteig

Für den Teig:
300 g Dinkelmehl
3 Eier
1 Dotter
1 EL Olivenöl
1/2 TL Salz
2 – 3 EL Wasser

Für die Füllung:
400 g Topfen (Quark)
Basilikum
Petersilie
Oregano
Salz, Pfeffer

Alle Zutaten sollten Raumtemperatur (Eier!) haben. Die Zutaten für den Teig verkneten und ca. 20 Minuten bei Raumtemperatur rasten lassen.

Den Topfen mit den Kräutern cremig verrühren.

Den Teig auf bemehlter Arbeitsfläche dünn ausrollen und ca. 8 x 8 cm große Quadrate schneiden. In jedes Quadrat einen TL Kräutertopfen setzen, den Teig darüber legen und die Ränder fest andrücken.

In einem großen Topf Salzwasser zum Kochen bringen, die Ravioli vorsichtig einlegen und nach dem ersten Aufkochen ca. 8 Minuten leicht kochen lassen. Am Ende der Garzeit sollten die Ravioli im Kochwasser oben schwimmen.

Backhuhn

2 Hühnerkeulen
2 Hühnerbrüste, in Stücke geteilt
Salz
Dinkelmehl
1 Ei
3 EL Milch
Dinkelbrösel ohne Hefe (Paniermehl)
Rapsöl

Die Hühnerteile waschen, mit Küchenpapier abtupfen und salzen. Dann in Mehl, danach in der Ei-Milch-Mischung und zum Abschluss in den Dinkelbröseln wenden und in heißem Rapsöl goldgelb backen.

Tipp: *Dazu passt gut Kartoffelsalat mit Kernöl, Kartoffel-Mayonnaise-Salat und/oder Grüner Salat (siehe unter Salate).*

Putensteak mit Reis und Karotten-Pastinaken-Fenchel-Sauce

6 Putensteaks
3/4 l Wasser
750 g Karotten
300 g Pastinaken
1 Knolle Fenchel
3 EL Olivenöl
1,5 Suppenwürfel
Salz
Pfeffer
2 Tassen Langkornreis

In einer heißen Pfanne die Putensteaks in Olivenöl beidseits anbraten, mit 3/4 l Wasser aufgießen und die Suppenwürze dazugeben.

Das Gemüse schälen, kleinschneiden und mit dem Fleisch ca. 20 Minuten leicht kochen lassen.

Für den Reis 4 Tassen Salzwasser zum Kochen bringen, den Reis dazugeben und zugedeckt auf kleiner Flamme ca. 10 Minuten kochen lassen, bis die Flüssigkeit aufgesogen ist.

Das Fleisch auf einen Teller legen, die Gemüsesauce in ein hohes Gefäß leeren, mit einem Pürierstab grob pürieren und mit Salz und Pfeffer abschmecken.

Die Sauce zurück in die Pfanne leeren und die Steaks kurz einlegen.

Mit dem Reis servieren.

Puten-Cordon-Bleu

4 dünne, große Putenschnitzel
4 Scheiben Schinken
4 Scheiben Butterkäse
Dinkelbrösel ohne Hefe (Paniermehl)
1 Ei
Milch
Dinkelmehl
Rapsöl

Die Putenschnitzel mit Schinken und Butterkäse belegen und zusammenfalten. Mit einem Zahnstocher feststecken.

3 Suppenteller nehmen, in den ersten Teller Dinkelmehl geben, im zweiten das Ei mit einem Schuss Milch verquirlen und in den dritten Teller die Dinkelbrösel geben. Die Schnitzel in dieser Reihenfolge in den Tellern beidseitig jeweils gut ummanteln (panieren).

In heißem Rapsöl goldbraun backen.

Vorschläge für Beilagen:
Reis
Salzkartoffeln
diverse Salate

Gefüllte Ente

1 kleine Ente (ausgehöhlt)
5 Äpfel
8 Karotten
Honig

Fülle:
250 g Dinkelbrot vom Vortag
Petersilie
Salz
1/8 l Milch

Den Backofen auf 180 Grad vorheizen.

Die Ente innen und außen waschen, trockentupfen und auf ein mit ca. 1,2 l Wasser gefülltes tiefes Backblech (oder eine andere entsprechend große feuerfeste Form) setzen.

Die Äpfel und Karotten schälen und kleinschneiden und rund um die Ente legen.

Für die Fülle das Brot kleinschneiden, mit der Milch übergießen und mit Salz und Petersilie abschmecken. Danach die Ente mit diesem Knödelbrot füllen und außen mit Honig bestreichen.

Die Ente ca. 1,5 Stunden im Backofen garen, dabei öfters mit dem Saft übergießen.

Dazu können noch Salzkartoffeln und/oder Salate gereicht werden.

Gebratene Putenstreifen in Sesamkruste auf Streifengemüse

500 g Putenbrust
50 g Sesamkörner
Olivenöl, Salz, Pfeffer

Gemüse:
2 gelbe Paprika
2 grüne Paprika
250 g gelbe Rüben
3 Zucchini
300 g Karotten
Basilikum, Petersilie, Schnittlauch

Gemüsefond:
1 Suppenwürfel, 1/2 l Wasser

Die Putenbrust in dünne Streifen schneiden, mit Salz und Pfeffer würzen, mit Olivenöl bestreichen und in Sesam wälzen. In die heiße Pfanne 3 EL Olivenöl geben und die Putenstreifen beidseitig kurz anbraten.

Danach das in Streifen geschnittene Gemüse beigeben und mit Gemüsefond aufgießen, kurz durchkochen.

Mit Basilikum, Petersilie und Schnittlauch würzen. Zum Binden 1 EL Dinkelmehl mit 1 EL Wasser verrühren und untermengen. Vor dem Servieren mit etwas Sesam bestreuen.

Dazu passt Quinoa oder Reis.

Tipp: *Quinoa kalt waschen und mit der doppelten Menge Salzwasser kochen, bis das Wasser aufgebraucht ist.*

Huhn mit Zucchini-Karotten-Gemüse und Reis

2 Hühnerbrüste
Olivenöl
1/4 l Wasser
Suppenwürfel (hefefrei!)
8 Karotten
1 Zucchini
Petersilie

In die heiße Pfanne 3 EL Olivenöl geben und sofort die Hühnerbrüste auf beiden Seiten kurz anbraten. Mit 1/8 l Wasser aufgießen, 1 Suppenwürfel dazugeben, zugedeckt auf kleiner Stufe leicht kochen lassen.

Karotten schälen, der Länge nach halbieren und in 2 bis 3 cm breite Stücke schneiden. Zucchini schälen, halbieren und in schmale Stücke schneiden.

Gemüse zum Huhn beigeben, nochmals mit 1/8 l Wasser aufgießen, gehackte Petersilie dazugeben und zugedeckt ca. 10 Minuten leicht kochen lassen.

Fleisch an der dicksten Stelle prüfen, ob es durchgegart ist. Wenn ja, das Fleisch herausnehmen und Gemüse mit Sauerrahm-Dinkelmehl (siehe Seite 54) eindicken. Fleisch dazugeben und mit Reis servieren.

Reis: 2 Tassen Wasser mit 1/2 TL Salz aufkochen, 1 Tasse Langkornreis dazugeben, auf kleiner Stufe 8 – 10 Minuten kochen. Herd abschalten, auf Restwärme stehen lassen.

Überbackener Polardorsch mit Gemüse in Rosmarin-Thymian-Sauce

8 Stk. tiefgekühlter Polardorsch
Dinkelmehl
Olivenöl
1/8 l Wasser
Suppenwürze
250 g Sauerrahm (saure Sahne)
Petersilie
Thymian
Rosmarin
500 g Karotten
1 Brokkoli
150 g geriebener Mozzarella

Den Backofen auf 180 Grad vorheizen.

Den Polardorsch unter fließendem, kalten Wasser abspülen und in Dinkelmehl wenden.

In eine heiße Pfanne 5 EL Olivenöl geben und den Dorsch 5 Minuten auf beiden Seiten braten.

In der Zwischenzeit die geschälten, kleingeschnittenen Karotten gemeinsam mit den Brokkoliröschen in kochendem Salzwasser bissfest kochen und kalt abschrecken.

Den Fisch nach Ende der Garzeit herausnehmen und in eine feuerfeste, mit Backpapier ausgekleidete Form setzen. Das Gemüse dazugeben.

In die Pfanne mit dem Fisch-Bratrückstand 1/8 l Wasser mit der Suppenwürze geben, den Sauerrahm einrühren und mit Petersilie, etwas Thymian (sparsam verwenden!) und etwas Rosmarin (sparsam verwenden!) unter Rühren aufkochen. Mit Salz und Pfeffer abschmecken.

Diese Sauce über den Fisch mit dem Gemüse gießen, mit Mozzarella bestreuen und bei 180 Grad 25 Minuten backen.

St. Petersfisch in Dinkelmehlpanade

6 Stk. tiefgefrorener St. Petersfisch
Dinkelmehl
Olivenöl

Den Fisch unter fließendem, kalten Wasser abspülen und noch feucht in das Dinkelmehl legen. Nun beidseits das Mehl fest andrücken.

In eine heiße Fischpfanne 5 EL Olivenöl geben und die Fischfilets kurz beidseits anbraten und auf kleinerer Flamme ca. 10 Minuten braten.

Tipp: *Dazu passt gut Langkorn- oder Basmatireis und Grüner Salat.*

Gebratene Zanderfilets

4 tiefgefrorene Zanderfilets
Olivenöl
Dinkelmehl

Zanderfilets unter heißem fließendem Wasser abspülen, noch feucht in einem Teller mit Dinkelmehl legen und beidseits das Mehl andrücken.

In eine heiße Fischpfanne Olivenöl geben und sofort die Zanderfilets einlegen, kurz auf beiden Seiten anbraten und dann auf niedriger Flamme unter mehrmaligem Wenden 5 bis 10 Minuten braten. Der Fisch ist durchgegart, wenn er überall weich ist (vorsichtig mit Pfannenwender probieren!).

Tipp: *Dazu passen Reis, Nudeln, Gemüse und verschiedene Salate*

Rindslungenbraten im Blätterteig mit kalter Basilikumsauce

600 g Rindslungenbraten (Filet)
Olivenöl
1 Pkg. Dinkelblätterteig
8 Blätter Wirsingkohl
4 Scheiben Schinken
4 Scheiben Butterkäse
3 Handvoll frisches Basilikum
250 ml Schlagobers (Sahne)

Für die Sauce das frische Basilikum in kochendes Salzwasser tauchen und nach dem ersten Aufkochen unter kaltem Wasser abschrecken, Basilikum ausdrücken und kleinschneiden. Danach 250 ml Schlagobers aufkochen und in ein hohes Gefäß leeren, Basilikum dazugeben und mit einem Pürierstab schaumig rühren. Für 1 bis 2 Stunden kalt stellen.

Backofen auf 180 Grad vorheizen.

Den Rindslungenbraten rundum in heißem Olivenöl anbraten. Die Kohlblätter in kochendem Salzwasser blanchieren, kalt abschrecken, den Strunk aus jedem Blatt entfernen.

Den Blätterteig auflegen, Kohlblätter darauflegen, dann die Schinkenblätter und danach die Käsescheiben. Nun den Rindslungenbraten daraufsetzen, die kleingehackten Strunke rundherum legen, alles einrollen und auf ein mit Backpapier belegtes Backblech setzen.

Diesen Strudel mit Rapsöl bepinseln und bei 180 Grad 25 Minuten backen.

Mit Basilikumsauce servieren.

Tipp: *Dazu passen Salzkartoffeln.*

Rindsroulade mit Dinkelspiralen

4 dünne, große Rindsschnitzel
4 Scheiben Schinken
Essiggurkerln
(in Weingeistessig eingelegt!)
2 Karotten
Senf
Rapsöl
1/2 l Wasser
Suppenwürze
300 g Karotten
250 g Sauerrahm (saure Sahne)
Dinkelmehl
250 g Dinkelspiralen

Die Schnitzel beidseits mit Senf bestreichen, mit dem Schinken, dünn geschnittenen Essiggurkerln und in Längsstreifen geschnittenen Karotten belegen. Dann die Schnitzel einrollen und mit einem Bindefaden gut verschnüren.

Die Rouladen in 3 EL Rapsöl in einer Pfanne rundherum anbraten, mit 1/2 l Wasser aufgießen, Suppenwürze beimengen und mindestens 40 Minuten kochen lassen. Die restlichen Karotten geschält und geschnitten beifügen und mitkochen.

Nach Ende der Garzeit die Rouladen vorsichtig herausheben, die Sauce mit einem Pürierstab pürieren und mit Sauerrahm-Dinkelmehl-Mischung eindicken: Dafür den halben Sauerrahm in die nicht mehr kochende Sauce geben, den restlichen Sauerrahm mit 3 EL Dinkelmehl cremig verrühren und zur Sauce geben. Diese Sauce unter ständigem Rühren aufkochen lassen, bis sie eindickt. Dann die Rouladen wieder in die Sauce setzen.

Die Dinkelspiralen in einem großen Topf mit kochendem Salzwasser bissfest kochen, kurz kalt abschrecken und zu den Rouladen servieren.

Pasta asciutta ohne Tomaten

250 g Kartoffeln
155 g Karotten
250 ml Wasser
Suppenwürze
9 g rotes Paprikapulver
250 g Rinderfaschiertes (Hack)
Olivenöl
Salz
Pfeffer
Oregano
Basilikum

Die geschälten Kartoffeln und Karotten klein schneiden, in 250 ml Wasser mit Suppenwürze und Paprikapulver weichkochen und fein pürieren.

Das Rindfleisch in einer heißen Pfanne im Olivenöl anbraten, die Sauce zugeben und ca. 5 Minuten kochen lassen.
Mit Salz, Pfeffer, Oregano und Basilikum abschmecken.

Tipp: *Dazu passen Dinkelnudeln oder Reis.*

Fleischknödel

Knödel:
750 g Kartoffeln
2 Eier
200 g Dinkelmehl
Salz

Fleischfülle:
250 g Rinderfaschiertes (Hack)
3 EL Olivenöl
Petersilie
Basilikum
Salz
Pfeffer

Die Kartoffeln in Salzwasser garen, kalt abspülen und schälen. Mit einem Kartoffelstampfer stampfen, die beiden Eier und das Mehl zugeben, salzen und rasch zu einem glatten Teig verarbeiten.

In einer heißen Pfanne das Rindfleisch im Olivenöl gut durchbraten und mit Petersilie, Basilikum, Salz und Pfeffer würzen.

Den Teig in 8 Stücke teilen, flach drücken, die Fülle mit einem Teelöffel daraufsetzen und zu Knödeln formen.

In einem großen Topf ca. 1 l Wasser zum Kochen bringen, salzen, die Knödel vorsichtig einlegen und ca. 10 Minuten siedend kochen lassen.

Tipp: *Dazu passt Kohl-, Kürbis-, Zucchinigemüse oder Dillsauce.*

„Ketchup" ohne Tomaten

250 g Kartoffel
155 g Karotten
250 ml Wasser
Suppenwürze
9 g rotes Paprikapulver
Schuss Weingeistessig
1/2 TL Rohrzucker
Pfeffer
Salz

Die geschälten Kartoffeln und Karotten klein schneiden, in 250 ml Wasser mit Suppenwürze und Paprikapulver weichkochen und fein pürieren.

Einen Schuss Weingeistessig zugeben und mit Zucker, Pfeffer und Salz abschmecken.

Dieses „Ketchup" ist im Kühlschrank einige Tage haltbar.

Dillsauce

4 Eier
1 Zwiebel
Olivenöl
1/2 l Wasser
1 – 2 Suppenwürfel
250 g Sauerrahm (saure Sahne)
3 EL Dinkelmehl
Dille

Die Eier in einen Topf mit kaltem Wasser geben und zum Kochen bringen. Ab dem Zeitpunkt des Kochens für 4 Minuten kochen, danach unter kaltem Wasser abschrecken, schälen und kleinschneiden.

Die kleingeschnittene Zwiebel in 3 EL Olivenöl anrösen, mit Wasser ablöschen, die Suppenwürze beigeben und die Eier hinzufügen.

Den Topf vom Herd nehmen und in die nicht mehr kochende Sauce den halben Sauerrahm einrühren. Den restlichen Sauerrahm mit Dinkelmehl gut verrühren und auch zur Sauce geben.

Unter ständigem Rühren die Sauce wieder zum Kochen bringen, kurz kochen lassen, bis sie eindickt, Dille zugeben.

Die Sauce passt nahezu zu jedem Fleischgericht bzw. als Hauptspeise mit Salzkartoffel oder Dinkelknödeln.

Cevapcici

500 g Rinderfaschiertes (Rinderhack)
Paprikapulver
Majoran
Salz
Pfeffer
Kräuter
125 g Topfen (Quark)
25 g Dinkelbrösel ohne Hefe (Paniermehl)

Die Zutaten gut vermengen und längliche Cevapcici formen. In einer Pfanne mit heißem Rapsöl rundum braten. Cevapcici eignen sich auch hervorragend zum Grillen.

Vorschläge für Beilagen:
Pommes frittes
(beim Kauf darauf achten, dass sie nur aus Kartoffeln und Öl bestehen; wichtig: keine Hefe!)
Kartoffeln
verschiedene Salate

Gurkensauce

2 Gurken
1/4 – 1/3 l Wasser
1 – 2 Suppenwürfel
250 g Sauerrahm (saure Sahne)
3 EL Dinkelmehl
3 EL Olivenöl
Dille

Die Gurken schälen und mit Gurkenschneider schneiden.

In einen heißen Topf 3 L Olivenöl geben und die Gurken hinzufügen, kurz anbraten und mit 1/4 bis 1/3 l Wasser ablöschen. Suppenwürfel dazugeben und 5 Minuten leicht kochen lassen.

Den Topf vom Herd nehmen und in das nicht mehr kochende Gemüse den halben Sauerrahm einrühren. Den restlichen Sauerrahm mit Dinkelmehl gut verrühren und auch zum Gemüse geben. Unter ständigem Rühren die Sauce wieder zum Kochen bringen, kurz kochen lassen, bis sie eindickt, Dille zugeben.

Dazu schmecken Salzkartoffeln (Kartoffeln in gut gesalzenem Wasser kochen, danach schälen) und z.B. gekochtes Rindfleisch.

Fondue oder Raclette mit verschiedenen Saucen

Man nimmt ca. 200 g Fleisch pro Person. Gut eignen sich Rindslungenbraten (Filet) und zartes Putenfleisch.

Das Fleisch kleinschneiden und kaltstellen, bis das Fondue bzw. das Raclette am Tisch zubereitet wird.

Für die Saucen alle Zutaten zu einer cremigen Sauce verrühren.

Basilikum-Joghurt-Sauce:
250 g Sauerrahm (saure Sahne)
125 g Naturjoghurt
Senf
Basilikum

Currysauce:
250 g Sauerrahm (saure Sahne)
125 g Naturjoghurt
Senf
Mayonnaise
Curry

Paprika-Kapern-Sauce:
250 g Sauerrahm (saure Sahne)
125 g Naturjoghurt
Senf
rotes Paprikapulver
1 roter Paprika, klein gehackt
Mayonnaise

Apfelspatzen

Spätzleteig:
300 g Dinkelmehl
50 g weiche Butter
2 Eier
Salz
250 ml Milch

Apfelspalten:
300 g geschälte Apfelspalten
1/8 l Wasser
10 g Butter
Zimt
Rohrzucker

Alle Zutaten mit einem Handmixgerät zu einem glatten Teig verrühren.

In einem großen Topf 1 l Wasser zum Kochen bringen und salzen. Ein Spätzlesieb über den Topf legen und den Teig mit einem Teigspatel durch das Sieb drücken. Die Spätzle siedend ca. 5 Minuten kochen, bis sie oben schwimmen.

In einer Pfanne die Butter schmelzen, die Apfelspalten dazugeben mit 1/8 l Wasser aufgießen, mit Zimt und Rohrzucker bestreuen und 5 Minuten leicht kochen lassen.

Die Spätzle mit der Apfelmasse vermengen.

Marillenknödel aus Topfenteig

Topfenteig:
30 g Butter
250 g Topfen (Quark)
Prise Salz
2 Eier
50 g Dinkelgrieß
120 g Dinkelbrösel ohne Hefe (Paniermehl)

8 reife Marillen (Aprikosen), gewaschen und abgetrocknet

Butterbrösel:
60 g Dinkelbrösel ohne Hefe (Paniermehl)
10 g Butter

Die Zutaten zu einem glatten Teig verrühren und am besten über Nacht (sonst 1 bis 2 Stunden) im Kühlschrank rasten lassen.

Die Hände mit Dinkelmehl bestäuben und jede Marille mit Teig ummanteln.

In einem großen Topf ca. 1,5 l Wasser zum Kochen bringen, salzen und die Knödel vorsichtig einlegen. Solange kochen, bis die Knödel oben schwimmen (5 bis 10 Minuten je nach Größe) und vorsichtig herausnehmen.

In einer Pfanne die Butter schmelzen lassen und die Dinkelbrösel kurz anrösten. Fertige Marillenknödel in den Butterbröseln schwenken und servieren.

Mohnnudeln

500 g Kartoffeln
50 g Dinkelgrieß
50 g Kartoffelmehl

200 g geriebener Mohn
100 g Staubzucker

Die Kartoffeln in Salzwasser weichkochen, kalt abspülen, schälen und zerstampfen. Danach die Kartoffeln mit dem Grieß und dem Kartoffelmehl vermengen und zu einem glatten Teig verarbeiten.

Aus dem Teig dünne Nudeln wälzen.

Einen großen Topf mit Salzwasser zum Kochen bringen, die Nudeln vorsichtig einlegen und ca. 10 Minuten leicht kochen lassen.

Vor dem Servieren mit dem Mohn-Zucker-Gemisch bestreuen.

Topfen-Joghurt-Creme

250 g Magertopfen (Quark)
125 g Vanillejoghurt

Topfen und Joghurt verrühren, bis eine cremige Masse entsteht.

Tipp: *Dazu passt Obst, das Sie gut vertragen.*

Topfenknödel mit Marillenmarmelade und/oder Butterbröseln

Topfenteig:
30 g Butter
250 g Topfen (Quark)
Prise Salz
2 Eier
50 g Dinkelgrieß
120 g Dinkelbrösel ohne Hefe (Paniermehl)

Marillenmarmelade (Aprikosen)

Butterbrösel:
60 g Dinkelbrösel ohne Hefe (Paniermehl)
10 g Butter

Die Zutaten zu einem glatten Teig verrühren und am besten über Nacht (sonst 1 bis 2 Stunden) im Kühlschrank rasten lassen.

Die Hände mit Dinkelmehl bestäuben und aus dem Teig kleine Knödel formen.

In einem großen Topf ca. 1,5 l Wasser zum Kochen bringen, salzen und die Knödel vorsichtig einlegen. Solange kochen bis die Knödel oben schwimmen (5 bis 10 Minuten je nach Größe) und vorsichtig herausnehmen.

Für die Butterbrösel in einer Pfanne die Butter schmelzen lassen und die Dinkelbrösel kurz anrösten.

Die Knödel mit Butterbrösel und/oder Marillenmarmelade servieren.

Tiramisu

250 g Dinkelbiskotten (z. B. Honigfinger)
250 g Schlagobers (Sahne)
500 g Topfen (Quark)
500 g Vanillejoghurt

Das Schlagobers steifschlagen und vorsichtig das Joghurt und den Topfen unterrühren.

Eine flachen Form (oder Kastenform) mit Frischhaltefolie auskleiden und mit der Creme als erste Lage beginnen. Danach die Biskotten hineinlegen und abwechselnd mit Creme weiterhin schichten.

Das Tiramisu ist nach ca. einer Stunde im Kühlschrank fertig.

Kastanienreistorte

2 Becher Vanillejoghurt
1,5 Becher Dinkelmehl
1,5 Becher Kastanienreis
1,5 Becher Rohrzucker
1,5 Becher Mandeln
1 Becher Rapsöl
6 Eier
2 Pkg. Bourbon-Vanillezucker
Rapsöl
250 g Schlagobers (Sahne)
1 Becher Vanillejoghurt
250 g Topfen (Quark)

Die Eier zu allererst in die Rührschüssel geben und alle weiteren Zutaten hinzufügen. Dann mit einem Handmixgerät bzw. einer Küchenmaschine – am besten mit dem Schneebesen – auf höchster Stufe ca. 5 Minuten schlagen. Die Masse in eine mit Rapsöl bestrichene Tortenform füllen und im vorgeheizten Backofen bei 180 Grad ca. 35 Minuten backen.

Die Torte nach dem Auskühlen in der Mitte durchschneiden und mit Marillenmarmelade füllen, zusammensetzen und auch oben und an der Seite mit Marillenmarmelade bestreichen.

Das Schlagobers steifschlagen, das Vanillejoghurt und den Topfen vorsichtig unterheben. Diese Masse in einen Spritzbeutel füllen und die Torte dekorieren. Sofort im Kühlschrank kaltstellen.

Obstkuchen

4 Eier
200 g weiche Butter
200 g feiner Rohrzucker
200 g Dinkelmehl

Obst:
z. B. 10 Marillen/Aprikosen
(oder Äpfel, Pfirsiche, Nektarinen etc.)

Den Backofen auf 180 Grad vorheizen.

Alle Zutaten 4 Minuten mit dem Handmixerauf höchster Stufe schlagen und auf ein mit Backpapier belegtes Backblech streichen oder in eine feuerfeste, gebutterte Form gießen.

Den Kuchen mit geschälten, geschnittenen Obststücken belegen und bei 180 Grad ca. 30 Min. backen.

Muffins, dreifärbig

70 g Dinkelmehl
5 Eier
100 g Rohrzucker
50 g Mohn
Prise Salz

Alle Zutaten gut verrühren und in mit Rapsöl befettete Muffinformen einfüllen. Im vorgeheizten Backofen bei 180 Grad 20 – 25 Min. backen.

Da sich der Mohn absetzt, erscheint oben das dunkle Biskuit, in der Mitte gelbes Biskuit und unten ist der Muffin wieder dunkel vom Mohn.

Biskuitroulade mit Marillenmarmelade

150 g Rohrzucker
70 g Dinkelmehl
5 Eier (Eiklar zu Schnee schlagen!)
Marillenmarmelade (Aprikosen)

Den Backofen auf 200 Grad vorheizen.

Eiklar zu Schnee schlagen. Die restlichen Zutaten mixen, den Schnee vorsichtig unterheben.

Die Biskuitmasse auf ein mit Backpapier belegtes Backblech streichen und im Backofen bei 200 Grad ca. 10 Minuten backen.

Fertiges Biskuit verkehrt auf ein vorbereitetes Backpapier stürzen, das auf der Rückseite des Biskuit klebende Backpapier mit nassem Tuch befeuchten und abziehen. Eventuelle feste Ränder am Kuchen abschneiden.

Sofort mit Marillenmarmelade bestreichen und zusammenrollen.

Tipp: *In Kokosraspeln wälzen.*

Brombeer-Sahne-Torte

Biskuit:
150 g Rohrzucker
70 g Dinkelmehl
5 Eier (Eiklar zu Schnee schlagen!)

Marillenmarmelade (Aprikosen)
250 g reife Brombeeren

Sahne-Creme:
500 ml Schlagobers (Sahne)
250 g Naturjoghurt
250 g Topfen (Quark)
3 EL Staubzucker

Den Backofen auf 200 Grad vorheizen.

Eiklar zu Schnee schlagen. Die restlichen Zutaten mixen, den Schnee vorsichtig unterheben.

Die Biskuitmasse in eine mit Backpapier ausgekleidete Tortenform füllen und im Backofen bei 200 Grad ca. 10 Minuten backen.

Fertigen Biskuitboden in der Tortenform auskühlen lassen.

Für die Sahne-Creme das Schlagobers steifschlagen, das Joghurt, den Topfen und den Staubzucker vorsichtig einrühren.

Die kalte Torte mit Marillenmarmelade bestreichen und mit Brombeeren belegen. Zum Abschluss die Sahne-Creme einfüllen und für 2 Stunden im Kühlschrank kalt stellen.

Tipp: *Es eignet sich auch jedes andere HIT-taugliche Obst.*

Streifentorte

150 g Rohrzucker
50 g Dinkelmehl
20 g Mandeln, gerieben
5 Eier
Marillenmarmelade
250 g Schlagobers (Sahne)

Den Biskuitteig aus Eiern, Zucker, Mehl und Mandeln mischen, auf ein mit Backpapier belegtes Backblech streichen und im vorgeheizten Backrohr bei 200 Grad ca. 10 Minuten backen.

Fertiges Biskuit verkehrt auf vorbereitetes Backpapier stürzen, das Backpapier mit nassem Tuch befeuchten und abziehen. Eventuelle feste Ränder wegschneiden.

Biskuit in vier Längsstreifen schneiden, mit Marillenmarmelade bestreichen. Den ersten Teil einrollen, auf den zweiten Teil legen und weiterrollen, so weitermachen, bis alle 4 Teile ineinander gerollt wurden.

Als Torte auf einen Teller setzen und mit geschlagenem Obers ummanteln.

Apfelstrudel

2 Stk. Dinkelstrudelblätter
600 g geschälte, fein geschnittene Äpfel
60 g Dinkelbrösel ohne Hefe (Paniermehl)
10 g Butter
Zimt
Rohrzucker
Rapsöl

Backofen auf 180 Grad vorheizen.

In einer Pfanne die Butter schmelzen und die Dinkelbrösel anrösten.

Die Strudelblätter auflegen, die Butterbrösel aufstreuen, die Äpfel darauflegen, mit Zimt und Rohrzucker bestreuen, einrollen.

Die beiden Strudel mit Rapsöl bestreichen und ca. 20 Minuten bei 180 Grad backen.

Dinkelblätterteigkipferln

1 Pkg. Dinkelblätterteig
Rapsöl

Den Backofen auf 180 Grad vorheizen.

Den Blätterteig auflegen und 8 x 8 cm große Quadrate schneiden, mit Rapsöl bepinseln. Jeweils ein Quadrat zusammenrollen und daraus ein Kipferl formen.

Die Kipferln auf ein mit Backpapier belegtes Backblech setzen und bei 180 Grad 10 bis 15 Minuten backen.

Schinken-Käse-Törtchen

1 Becher Naturjoghurt
1 Becher Dinkelmehl
1 Becher geriebener Mozzarella
1 Becher geschnittene Zucchini
3 Eier
50 g klein geschnittener Schinken
Salz
Basilikum
1/2 Becher Rapsöl

Alle Zutaten gut verrühren und in mit Rapsöl bestrichene Muffinförmchen füllen.

Im vorgeheizten Backofen bei 180 Grad ca. 35 Min. backen.

Kokosmakronen

4 Eiklar
120 g Rohrzucker
200 g Kokosette

Den Backofen auf 180 Grad vorheizen.

Eiklar zu steifen Schnee schlagen, den Zucker und die Kokosette unterheben und mit einem Kaffeelöffel kleine Häufchen auf ein mit Backpapier ausgekleidetes Backblech setzen.

Die Makronen ca. 10 Minuten bei 180 Grad backen.

Tipp: *Die übrig gebliebenen 4 Dotter können z.B. für einen Mürbteig oder für Spritzgebäck verwendet werden.*

Spritzgebäck

4 Dotter
200 g weiche Butter
200 g Rohrzucker
1 Pkg. Bourbon-Vanillezucker
300 g Dinkelmehl
100 g geriebene Mandeln

Den Backofen auf 180 Grad vorheizen.

Die Zutaten zu einem Teig verarbeiten, in einen Spritzsack mit gezackter Tülle füllen und auf ein mit Backpapier belegtes Backblech Ringe und S-Formen spritzen.

Die Kekse 20 bis 25 Minuten bei 180 Grad backen.

Gebäckstangerln und Kipferln

75 g Butter
150 g Dinkelmehl
250 ml Milch
4 Eier
Salz

Den Backofen auf 220 Grad vorheizen.

Milch mit Butter und einer Prise Salz in einem großen Topf aufkochen. Das Mehl unter Rühren in die Milch einrieseln lassen und den Topf vom Herd nehmen. So lange weiterrühren, bis sich der Teig vom Topf löst. 1 Ei einrühren. Dann den Teig in eine Schüssel geben und die restlichen 3 Eier mit einem Handmixgerät einrühren. Solange rühren, bis der Teig glänzt!

Den Teig in einen Spritzbeutel füllen und ca. 5 cm lange Stäbchen und/oder Kipferln formen.

15 Minuten bei 220 Grad backen.

Mandelmakronen

4 Eiklar
120 g Rohrzucker
200 g geriebene Mandeln

Den Backofen auf 180 Grad vorheizen.

Eiklar zu einem steifen Schnee schlagen, den Zucker und die Mandeln unterheben und mit einem Kaffeelöffel kleine Häufchen auf ein mit Backpapier ausgekleidetes Backblech setzen.

Die Makronen ca. 10 Minuten bei 180 Grad backen.

Vanillekipferln

250 g Dinkelmehl
210 g weiche Butter
100 g geriebene Mandeln
70 g Rohrzucker

Die Zutaten zu einem geschmeidigen Teig vermengen und 20 Minuten im Kühlschrank rasten lassen.

Den Backofen auf 180 Grad vorheizen.

Aus dem Teig eine daumendicke Rolle formen, 1 cm breite Stücke abschneiden und daraus kleine Rollen wälzen und zu einem Kipferl biegen.

Die Kipferln auf ein mit Backpapier belegtes Backblech legen und ca. 10 Minuten backen.

Basis für einen Aufstrich

375 g Magertopfen (Quark)
125 g Naturjoghurt
80 g Mayonnaise
Senf
Salz
Pfeffer

Alle Zutaten cremig verrühren und zu einem Aufstrich weiterverarbeiten:

Basilikumaufstrich:
Gehacktes Basilikum beimengen.

Paprika-Gurkerl-Aufstrich:
5 kleingehackte Essiggurkerln
(in Weingeistessig eingelegt!)
rotes Paprikapulver
Prise Rohrzucker
Zutaten vermengen und mit der Aufstrichbasis mischen.

Eiaufstrich:
3 hartgekochte Eier
Kräuter
Salz
Die Eier kleinschneiden und zur Aufstrichbasis geben. Mit Kräutern und Salz abschmecken.

Kürbiskernaufstrich

200 g Ricotta
4 EL Kürbiskernöl
einige gehackte Kürbiskerne

Den Ricotta mit dem Kürbiskernöl cremig rühren und gehackte Kürbiskerne unterheben.

Liptauer

250 g Topfen (Quark)
rotes Paprikapulver
2 Essiggurkerln
(in Weingeistessig eingelegt!)
Mayonnaise
Salz, Pfeffer

Die Essiggurkerln kleinhacken und mit dem Topfen, der Mayonnaise, dem Paprikapulver verrühren und mit Salz und Pfeffer abschmecken.

Kräuteraufstrich

250 g Topfen (Quark)
Senf
Mayonnaise
Petersilie
Schnittlauch
Oregano
Basilikum
Salz, Pfeffer

Den Topfen mit dem Senf und der Mayonnaise cremig rühren und mit den Kräutern, Salz und Pfeffer abschmecken.

Tipp: *Probieren Sie den Aufstrich auch mit frischer Kresse.*

Basilikumaufstrich

500 g Topfen mager (Quark)
125 g Naturjoghurt
Senf
Basilikum
Petersilie

Topfen mit Joghurt cremig verrühren, etwas Senf unterrühren, die Kräuter dazugeben.

Eiaufstrich

250 g Topfen (Quark)
3 Eier
Senf
Mayonnaise
Petersilie
Schnittlauch
Salz, Pfeffer

Die Eier in einen Topf mit kaltem Wasser legen, zum Kochen bringen und nach dem ersten Aufkochen 4 Minuten kochen lassen. Die Eier kalt abschrecken und schälen.

Den Topfen mit dem Senf und der Mayonnaise cremig rühren, die kleingeschnittenen Eier unterheben und den Aufstrich mit den Kräutern, Salz und Pfeffer abschmecken.

Medikamente

Folgende Arzneimittel können als Nebenwirkung Histaminintoleranz hervorrufen:

Acemitacin	Cimetidin	Isocarboxazid	Propranolol
Acetaldehyd	Clavulansäure	Isoniazid	Putrescin
Acriflavin	Clonidin	Lorcainid	Quinacrin
Agmantin	Colistin	Metiamid	Rolitetracyclin
Alcuronium	Cyanid	Metoclopramid	Semicarbazid
Aldomet	D-Cycloserin	Metronidazol	Tetroxoprim
Alprenolol	Diamine (auch Histamin)	Minocyclin	Thiamin
Amilorid	Diazepam	Nazlinin (Alkaloid)	Thioridazin
Aminoguanidin	Dihydralazin	N-Methyl-N-Formylhydrazin	Tranylcypramin
Aminophyllin	Dimaprit	N-Methylhistamin	Trimethoprim
Amiphenazol	Dopamin	O-Mehtylhydroxylamin	Tryptamin
Amitryptilin	D-Tubocurarin	Orciprenalin	Tyramin
Amodiaquin	Ethanol (10%)	Pancuronium	Verapamil
Anserin	Fenpiverin	Pargylin	
Aziridinylalkylamine	Framycetin	Paromomycin	
B1 Pyrimidin	Furosemid	Pentamidin	
Beta-Aminopropionitril	Guanabenz	Phenamil	
Burimamid	Guanfacin	Phenelzin	
Cadaverin	Guanidin	Phenformin	
Carbochromen	Haloperidol	Phenyprazin	
Carnosin	Hyamin1622	Pirenzipin	
Cefuroxim	Hydroxychloroquin	Prajmalin	
Chinidin	Hydroxylamin	Pramiverin	
Chloroquin	Imidazolderivate	Prilocain	
Chlorothiazid	Impromidin	Promethiazin	(Tab. von Jarisch, Histamin-Intoleranz)
Chlorpromazin	Iproniazid	Propanthelin	

Nachstehende Tabelle zeigt die Top 11 der meistverkauften DAO-Blocker, d.h. Medikamente, die das histaminabbauende Enzym DAO blockieren.

Acetylcystein	z.B. Aeromuc, Pulmovent
Ambroxol	z.B. Ambrobene, Ambroxol, Broxol, Mucosolvan, Mucospas
Aminophyllin	z.B. Euphyllin, Mundiphyllin, Myocardon
Amitriptylin	z.B. Saroten, Tryptizol, Limbritol
Chloroquin	z.B. Resochin
Isoniazid	z.B. Myambutol+INH, Rifoldin+INH, Rimactan+INH
Metamizol	z.B. Buscopan comp., Inalgon, Novalgin
Metoclopramid	z.B. Ceolat comp., Paspertase, Paspertin
Propafenon	z.B. Rhythmocor, Rytmonorma
Verapamil	z.B. Isoptin

(Tab. von Jarisch, Histamin-Intoleranz)

Wirkstoff	Wirkung als/bei
Acemetacin	Antirheumatikum
Acetaldehyd	Abbauprodukt bei Alkohol
Acetylcystein	Schleimlöser
Acriflavin	Antiseptikum
Ambroxol	Schleimlöser
Amitriptylin	Antidepressivum
Chinidin	Herzmittel
Chloroquin	Antirheumatikum
Cimetidin	Ulcusmittel
Clavulansäure	Antibiotikum
Diazepam	Tranquillizer
Furosemid	Diuretikum
Haloperidol	Neuroleptikum
Isoniazid	Tuberkulose
Metamizol	Schmerzmittel
Metoclopramid	Magen-Darm-Mittel
Pancuronium	Muskelrelaxans
Theophyllin	Asthmamittel
Verapamil	Herz-Kreislaufmittel

(Tab. von Wolzt/Ring/Feffer-Holik, Gesund essen & trotzdem krank)

Nebenstehende Tabelle zeigt Medikamentenwirkstoffe, die Hemmer des DAO-Enzyms sind, und deren Wirkung.

Entzündungshemmende und schmerzhemmende Medikamente, die die Histaminfreisetzung steigern:

Wirksubstanz	**Beispiele**
Meclofenaminsäure	Meclomen
Mefenaminsäure	Parkemed
Diclofenac	Dedolor, Deflamat, Diclo B, Diclobene, Diclomelan, Diclostad, Diclovit, Dolo-Neurobion, Fenaren, Magluphen, Neodolpasse, Neurofenac, Tratul, Voltaren
Indometacin	Flexidin, Indobene, Indocid, Indohexal, Indomelan, Indometacin, Indoptol, Luiflex, Ralicid
Flurbiprofen	Froben
Naproxen	Naprobene, Nycopren, Proxen
Ketoprofen	Keprodol, Profenid
Acetylsalicylsäure	Aspirin

(Tab. von Jarisch, Histamin-Intoleranz)

Entzündungshemmende Medikamente, die die allergenspezifische Histaminfreisetzung unterdrücken:

Fenbufen	Lederfen
Levamisol	Ergamisol
Ibuprofen	Avallone, Brufen, Dismenol Neu Dolgit, Ibudol, Ibupron, Kratalgin, Nurofen, Tabcin, Ubumetin, Urem

(Tab. von Jarisch, Histamin-Intoleranz)

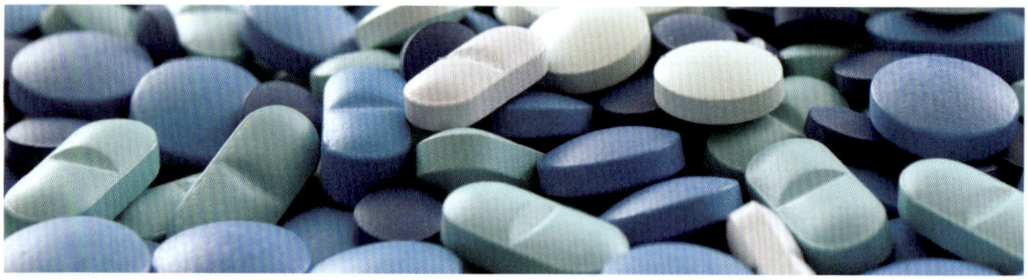

Zusatzstoffe, E-Nummern

E-Nummer	Bezeichnung
E 102	Tartrazin
E 122	Azorubin
E 123	Amaranth
E 127	Erythrosin

(laut Knieriemen, E-Nummern)

Farbstoffe, die von HIT-Personen (bzw. allen Allergikern) unbedingt gemieden werden sollten.

E-Nummer	Bezeichnung
E 101A	Riboflavin-5-phosphat
E 104	Chinolingelb
E 110	Gelb-orange S, Sunset-Gelb FCF
E 124	Cochenillerot A, Ponceau 4R
E 128	Rot 2G
E 129	Allurarot AC
E 131	Patentblau V
E 132	Indigotin
E 133	Brilliantblau FCF
E 142	Grün S, Brilliantsäure Grün
E 150B	Sulfitcouleur
E 150C	Ammoniakcouleur
E 150D	Ammoniumsulfitcouleur
E 151	Brilliantschwarz BN
E 154	Braun FK
E 155	Braun HT
E 173	Aluminium
E 174	Silber
E 175	Gold
E 180	Rubinpigment, Litolrubin BK

Farbstoffe, deren Gefahrenpotenzial von HIT-Personen (bzw. allen Allergikern) beachtet werden sollte.

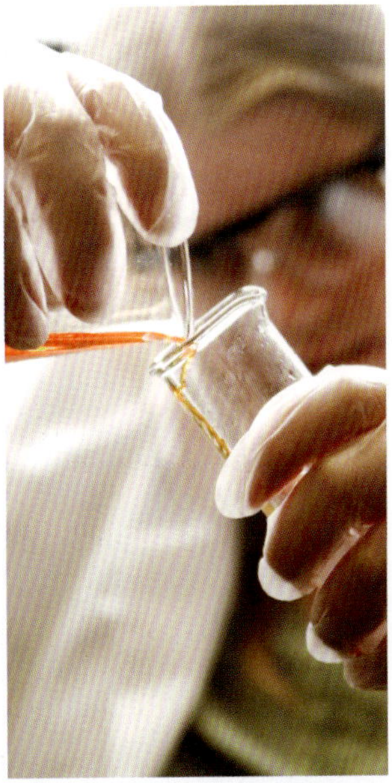

(laut Knieriemen, E-Nummern)

Konservierungsstoffe, die von HIT-Personen (bzw. allen Allergikern) unbedingt gemieden werden sollten:

E-Nummer	Bezeichnung
E 201	Benzoesäure
E 211	Natriumbenzoat
E 212	Kaliumbenzoat
E 213	Calciumbenzoat
E 214	pHB-Ester und Benzoate
E 215	pHB-Ester-Natrium-ethyl-Verbindung
E 216	pHB-n-Propylester
E 217	pHB-n-Propylester-Natriumpropylverbindung
E 218	pHB-Methylester
E 219	pHB-Natrium-methylester
E 220	Schwefeldioxid
E 221	Natiumsulfit
E 222	Natriumhydrogensulfit
E 223	Natriumdisulfit
E 224	Kaliumdisulfit
E 226	Calciumsulfit
E 227	Calciumhydrogensulfit
E 228	Kaliumhydrogensulfit
E 234	Nisin
E 235	Natamycin
E 239	Hexamethylentetramin
E 249	Kaliumnitrit
E 250	Natriumnitrit, Nitritpökelsalz
E 251	Natriumnitrat
E 252	Kaliumnitrat
E 280	Propionsäure
E 281	Natriumpropionat
E 282	Calciumpropionat
E 283	Kaliumpropionat

(laut Knieriemen, E-Nummern)

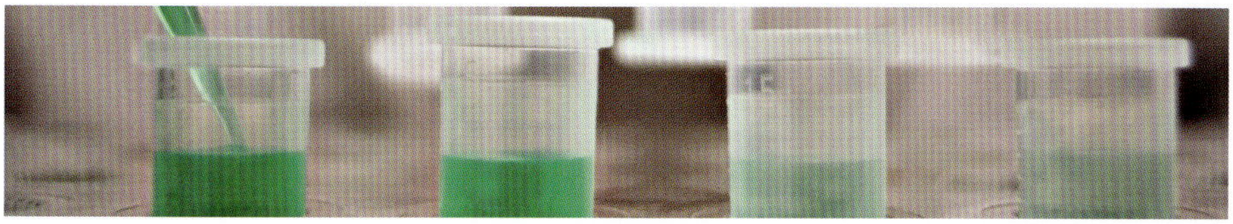

Konservierungsstoffe, deren Gefahrenpotenzial von HIT-Personen (bzw. allen Allergikern) beachtet werden sollte:

E-Nummer	Bezeichnung
E 230	Diphenyl, Bephenyl
E 231	Orthophenylphenol
E 232	Natriumorthophenylphenol
E 242	Dimethyldicarbonat

(laut Knieriemen, E-Nummern)

Säuerungsmittel, die von HIT-Personen (bzw. allen Allergikern) unbedingt gemieden werden sollten:

E-Nummer	Bezeichnung
E 284	Borsäure
E 285	Natriumtetraborat (Borax)

(laut Knieriemen, E-Nummern)

Antioxidantien, die von HIT-Personen (bzw. allen Allergikern) unbedingt gemieden werden sollten:

E-Nummer	Bezeichnung
E 320	Buthylhydroxyanisol (BHA)
E 321	Buthylhydroxyanisol (BHT)
E 338	Orthophosphorsäure, Phosphate
E 339	Natriumorthophosphorsäure
E 340	Kaliumorthophosphorsäure
E 341	Calciumorthohosphorsäure

(laut Knieriemen, E-Nummern)

Antioxidationsmittel, deren Gefahrenpotenzial von HIT-Personen (bzw. allen Allergikern) beachtet werden sollte:

E-Nummer	Bezeichnung
E 310	Propylgallat, Gallate (Gallussäureester)
E 311	Octylgallat
E 312	Dodecylgallat
E 315	Isoascorbinsäure
E 322	Lecithin
E 330	Citronensäure
E 331	Natriumcitrat
E 332	Kaliumcitrat
E 333	(Mono-, Di- und Tri-)Calciumcitrat
E 385	Calcium-dinatriumethylen-diamintetraacetat (EDTA)

(laut Knieriemen, E-Nummern)

Verdickungsmittel, deren Gefahrenpotenzial von HIT-Personen (bzw. allen Allergikern) beachtet werden sollte:

E-Nummer	Bezeichnung
E 416	Karayagummi
E 417	Tarakernmehl
E 420	Sorbit, Sorbitsirup
E 421	Mannit

(laut Knieriemen, E-Nummern)

Emulgatoren, deren Gefahrenpotenzial von HIT-Personen (bzw. allen Allergikern) beachtet werden sollte:

E-Nummer	Bezeichnung
E 431	Polyoxyethylen(40)stearat
E 432	Polyoxyethylen-sorbitan-monolaurat (Polysorbat 20)
E 433	Polyoxyethylen-sorbitan-monooleat (Polysorbat 80)

E 434	Polyoxyethylen-sorbitan-monopalmitat (Polysorbat 40)
E 435	Polyoxyethylen-sorbitan-monostearat (Polysorbat 60)
E 436	Polyoxyethylen-sorbitan-tristearat (Polysorbat 65)
E 442	Ammoniumphosphatide
E 444	Saccaroseacetatisobutyrat
E 445	Glycerinester aus Wurzelharz
E 450	Diphosphate
E 451	Triphosphate
E 452	Polyphosphate
E 470A	Natrium-, Kalium- und Calciumsalze von Speisefettsäuren
E 470B	Magnesiumsalze von Speisefettsäuren
E 471	Mono- und Diglyceride von Speisefettsäuren
E 472A	Essigsäureester von Mono- und Diglyceriden von Speisefettsäuren
E 472B	Milchsäureester
E 472C	Citronensäureester
E 472D	Weinsäureester
E 472E	Mono- und Diacetylweinsäureester
E 472F	Essig- und Weinsäureester
E 473	Zuckerester von Speisefettsäuren
E 474	Zuckerglyceride
E 475	Polyglycerinester von Speisefettsäuren
E 476	Polyglycerin-Poly-ricinoleat
E 477	Propylenglycolester von Speisefettsäuren
E 479	Thermooxidiertes Sojaöl mit Mono- und Diglyceriden von Speisefettsäuren
E 481	Natriumstearoyl-2-lactylat
E 482	Calciumstearoyl-2-lactylat
E 483	Stearyltartrat
E 491	Sorbitanmonostearat
E 492	Sorbitantristearat
E 493	Sorbitanmonolaureat
E 494	Sorbitanmonooleat
E 495	Sorbitanmonopalmitat

(laut Knieriemen, E-Nummern)

Verschiedene Zusatzstoffe, deren Gefahrenpotenzial von HIT-Personen (bzw. allen Allergikern) beachtet werden sollte:

E-Nummer	Bezeichnung
E 520	Aluminiumsulfat
E 521	Aluminiumnatriumsulfat
E 522	Aluminiumkaliumsulfat (Alaun)
E 523	Aluminium-ammonium-sulfat
E 541	Saures Natriumaluminium-phosphat
E 574	Gluconsäure, Gluconat
E 575	Glucon-delta-lacton
E 576	Natriumgluconat
E 577	Kaliumgluconat
E 578	Calciumgluconat
E 579	Eisen-2-gluconat

(laut Knieriemen, E-Nummern)

Geschmacksverstärker, die von HIT-Personen (bzw. allen Allergikern) unbedingt gemieden werden sollten:

E-Nummer	Bezeichnung
E 620	Glutaminsäure, Glutamat
E 621	Natriumglutamat
E 622	Kaliumglutamat
E 623	Calciumglutamat
E 624	Ammoniumglutatamat
E 625	Magnesiumglutamat

(laut Knieriemen, E-Nummern)

Geschmacksverstärker, deren Gefahrenpotenzial von HIT-Personen (bzw. allen Allergikern) beachtet werden sollte:

E-Nummer	Bezeichnung
E 626	Guanylsäure
E 627	Natriumguanylat
E 628	Kaliumguanylat
E 629	Calciumguanylat
E 630	Inosinsäure, Inosinat
E 631	Natriuminosinat
E 632	Kaliuminosinat
E 633	Calciuminosinat
E 634	Calcium 5´-ribonucleotid
E 635	Natrium5´-ribonucleotid
E 912	Montansäureester
E 920	L-Cystein

(laut Knieriemen, E-Nummern)

Süßstoffe und Enzyme, die von HIT-Personen (bzw. allen Allergikern) unbedingt gemieden werden sollten:

E-Nummer	Bezeichnung
E 951	Aspartam
E 952	Cyclamat
E 953	Isomalt
E 954	Saccharin
E 1103	Invertase
E 1105	Lysozym

(laut Knieriemen, E-Nummern)

Süßstoffe und Enzyme, deren Gefahrenpotenzial von HIT-Personen (bzw. allen Allergikern) beachtet werden sollte:

E-Nummer	Bezeichnung
E 950	Acesulfam K
E 957	Thaumatin
E 959	Neohesperidin DC
E 965	Maltit, Maltitsirup
E 966	Lactit
E 967	Xylit
E 999	Quillajaextrakt
E 1200	Polxdextrose
E 1201	Polyvinylpyrrolidon
E 1202	Polyvinylpolypyrrolidon
E 1404	Oxydierte Stärke
E 1410	Monostärkephosphat
E 1412	Distärkephosphat
E 1413	Phosphatiertes Distärkephosphat
E 1414	Acetyliertes Distärkephosphat
E 1420	Acetylierte Stärke
E 1422	Acetyliertes Distärkeadipat
E 1440	Hydroxypropylstärke
E 1442	Hydroxypropyl-distärkephosphat
E 1450	Stärkenatriumoctenylsuccinat
E 1451	Acetylierte oxidierte Stärke
E 1505	Triethylcitrat
E 1518	Glycerintriacetat

(laut Knieriemen, E-Nummern)

Heide Steigenberger

365 × vegane und vegetarische Blitzküche

216 Seiten, farbig, Hardcover
ISBN 978-3-7088-0633-4
EUR 19,99

Heide Steigenberger präsentiert in ihrem Jahreskochbuch 365 vegane und vegetarische Rezepte, die einfach und leicht nachzukochen sind. Sie berücksichtigt dabei regionale und saisonale Produkte, kombiniert diese mit eiweißreichen, gesunden Lebensmitteln wie Linsen, Sojabohnen, Dinkel-Pasta und Naturreis und zeigt auch, wie man Reste verwerten oder Obst und Gemüse einkochen kann. Dieses Kochbuch begleitet Sie Tag für Tag durchs Jahr – mit gesunden Smoothies, pfiffigen Salaten, herzhaften Suppen, frischen Gemüse-Currys, raffinierten Kartoffel- und Pasta-Gerichten, variantenreichen Quiches, verführerischen Desserts u.v.m.

Heide Steigenberger

Reizmagen
Richtiger Umgang mit Gastritis, Sodbrennen, Magendrücken und Verdauungsstörungen

128 Seiten, farbig, Softcover mit Klappen
ISBN 978-3-7088-0502-3
EUR 17,95

Immer mehr Menschen leiden an Magen-Darm-Beschwerden wie Magendrücken, Völlegefühl, Sodbrennen, Aufstoßen etc. Meist sind die Ursachen falsche Essgewohnheiten, Bewegungsmangel und zunehmender Stress. Dieses Ratgeber-Kochbuch richtet sich an all jene Personen, die unter stressbedingten Magenbeschwerden leiden, die ihre Gastritis ausheilen möchten und die magenfreundliche Kost benötigen. Mit Sofortmaßnahmen bei akuten Beschwerden, Magenkuren, homöopathischer Hilfe, konkreten Essvorschlägen und mehr als 60 Rezepten.

www.kneippverlag.com

Heide Steigenberger

Backen ohne Histamin
80 Genießerrezepte bei Unverträglichkeit

132 Seiten, farbig, Hardcover
ISBN 978-3-7088-0565-8
EUR 19,99

Wer unter Histaminunverträglichkeit leidet, muss beim Backen auf wichtige Lebensmittel verzichten, nämlich auf Hefeteig, Weizenmehl, Schokolade und Walnüsse. Ein Verzicht auf süßen Genuss bedeutet das trotzdem nicht.

Heide Steigenberger zeigt, wie man aus histaminfreien und histaminarmen Zutaten wunderbare Kuchen und Torten bäckt. Im Buch findet man aber auch viele Kekse, Gebäck und Pikantes – und praktische Tipps, die das histaminfreie Backen zu einem kinderleichten Vergnügen machen.

Auf einen Blick:

- Die wichtigsten Regeln bei Histaminunverträglichkeit
- Grundmassen und Grundteige
- Einfache Torten und Kuchen
- Zutaten verrühren und ab in den Ofen
- Backen für besondere Anlässe und für Kinder

www.kneippverlag.com